松宮孝明 編訳

ギュンター・ヤコブス著作集

［第2巻］

刑法と刑罰の機能

成文堂

訳者はしがき

本書は、前作『ギュンター・ヤコブス著作集［第1巻］犯罪論の基礎』（成文堂、2014年）に引き続き、その独特の客観的帰属論や刑罰論によって論争を喚起し続けているギュンター・ヤコブス教授（ドイツ・ボン大学）の著作集の第2巻である。ここには、主として刑法と刑罰の機能に関する論稿を、とりわけ「法益保護の早期化」や「法益論」、「市民刑法と敵味方刑法の対比」をテーマとするものを集めた。

本書に収めた論稿は、すでに第1巻の構想時に決めていたものであったが、その後、中村悠人氏（関西学院大学准教授）より、「応報の目的」も収録したほうがよいとの助言を受け、それも追加している。そのため、第1巻発行時にすでにいただいていたヤコブス教授の序文に、これを補完する第2巻のための序文をいただいた。第1巻の序文とあわせてご覧いただきたい。

また、第1刊公刊後の2017年に、ドイツでは、ミヒャエル・パヴリークの編による Strafrechtswissenschaftliche Beiträge. Zu den Grundlagen des Strafrechts und zur Zurechnungslehre と題するヤコブス教授の論文集が公刊された。これは、刑法ないし刑罰の正統性から強制の根拠、帰属論に至る全31本の論稿によって構成されている。この中には、第1巻で取り上げた論稿が6本、本書で取り上げたものが3本含まれている。ドイツ語を直接読まれる方には、こちらの参照もお勧めしたい。

本書に収録した論稿のうち、1番目の「法益保護の早期化傾向について」は、1985年のフランクフルト（マイン）でのドイツ刑法学者大会の報告である。これは、抽象的危険犯の増加だけでなく法益自体の抽象化も相俟って、刑法の中に犯罪者を「市民」ではなく「敵」とみなす「敵味方刑法」が存在することを直視せよとする、ほぼ最初の論稿である。その背景には、刑法の機能を一面的に「法益の保護」にみる法益保護思想への批判も含まれている。同時に、この中で、犯罪者を「市民」とみなす「市民刑法」の基本的な原理も語られる。この「市民刑法」の基本原理は、1995年ドイツ刑法学者大会ロストック大会での報告でもある2番目の「機能主義と古きヨーロッパの原則思考の狭間に立つ刑法」の中で詳しく語られる（なお、２番目の論稿の新訳には、大学院（当時）の市川 啓、佐竹宏章、山本和輝諸氏のお手を煩わせた）。

３番目と４番目の論稿では、「市民刑法」とは異質な「敵味方刑法」の存在と、その不可避性が語られる。注目すべきなのは、刑法では、現にある規範の妥当保護ではなく、これからあるべき規範の妥当促進もまた、たとえ「人道に反する罪」の処罰であっても、「敵味方刑法」だということである。これは、条約などを通じた「刑法の国際化」においても、忘れてはならない視点である。

４番目の論稿は、アーメルンクの構想を手掛かりとして「法益侵害」と「社会侵害」とを対比させ、社会の規範構造との関連性を維持する「社会侵害性」に軍配を上げるものである。余談であるが、この視点は、「法益論」以前のドイツ刑法学が「法＝権利の侵害」に着目していたこと、今日において、この伝統を受け継いだロシアおよびソビエト刑法学、さらには中国刑法学が犯罪の実質を「社会侵害性」に見ていることを意識させる。つまり、実は、中国「伝統派」の刑法学は、リスト以前のドイツ古典派と結びついていることを意識させるものである。

６番目の論稿は、応報にも規範妥当の維持という目的があるとして、「応報刑論」と「目的刑論」を対比させる伝統的な刑罰論に反省を迫るものである。言い換えれば、これは、「応報刑論」は「絶対的刑罰論」であり、「相対的＝目的刑論」は「（犯罪）予防刑論」に尽きるとするグロティウスらの図式を覆すものである。訳者の中村悠人氏も私も類似の見解であり、この論稿を本書に収めたのもそのためである。

最後に、第１巻に続いて、本書に掲載する論稿の翻訳と出版をご快諾いただいたギュンター・ヤコブス教授には、心よりお礼を申し上げる。また、これも第１巻に続いて、採算の合わない本書の出版をお引き受けいただいた成文堂の阿部成一社長、細かなご配慮をいただいた篠崎雄彦氏にも、この場を借りてお礼を申し上げたい。

2020年３月

京都にて

松宮　孝明

日本語版第2巻への序文

再び私の諸論文から集められた日本語版第2巻は、第1巻と同様に、刑法の基本的な諸問題に関するいくつかの思想を含んでいる。それは、ドイツ刑法学者学会大会において行った2つの講演から始まる。ひとつは刑法の早期化・前置化に関するもので、もうひとつは機能的思考の影響に関するものである。どちらも、公刊されると、ドイツ語圏において、そしてまたスペイン語圏においても、広範な反響を呼び起こした。私は、日本でも同じような状況になることを願っている。

敵味方刑法に関する次の2つの論稿は、スキャンダラスであるという非難を、とりわけ人間の尊厳に反するというような非難をもたらした。それも、ドイツ語圏の国ばかりでなく。しかし、私は、単に、立法者から見ても、犯罪者に対する尊厳ある取扱いの程度は、相手の行動にも左右されることを記述しただけである。議論——むしろ、論争的な対決といったほうがよいかもしれないが——においては、私は、これを記述しているだけでなく肯定的に主張していると、繰り返し非難された。このような非難は、私の考えが十分に浸透していないことを示している。というのも、不快で、危険で、法的にマージナルなものを描写する人は誰でも、これらの負の特性から、法秩序がこれを埋め合わせるものなしにそれを放棄することができると結論付ける必要はないからである。

社会的損害に関する論稿は、私の「お気に入りのテーマ」のひとつを扱うものである。すなわち、それは、法益を刑法で取り扱うことの持つ啓蒙的さらには批判的な可能性に関する理論についての、この間に一定程度明らかにされた弱点を扱うものである。

最後の、「応報の目的」に関する論稿では、ヘーゲルの刑法理論と社会機能的な見方を組み合わせようと試みた。犯罪者をマージナル化することは、正義であるだけでなく、むしろ、破られた規範の方向付け能力を維持するべき場合にも必要なのである。

本書の公刊は、日本の仲間の弛まぬ翻訳作業なしでは不可能だったであろう。この努力に心より感謝する。また、本書の公刊を一貫して指導した松宮孝明氏には、さらなる感謝を申し上げる。

2020年 3 月

ボンにて

ギュンター・ヤコブス

日本語版への序文

この著作集の第1巻では、社会的機能を有する刑法体系の根拠づけが扱われている。その指導的概念は、「人の態度の意味」である。言語では、行為者が私的に思っていることではなく、コミュニケーションで繋がることが可能な意味が大事であるのと同様に、人の態度の場合も、その社会的な理解が決定的なのである。もっとも、人の態度、刑法では犯罪的な態度が何事かを意味するばかりでなく、規範と刑罰も、意味に満ちたものであるから、その結果として、以下のようなシークェンスが明らかとなる。すなわち、規範はあらかじめ一定の態度がルールとして定められているという意味を有しており、犯行（Tat）は規範違反を意味し、そして刑罰はこの規範違反に対する異議申立てを意味するものであって（有名な否定の否定）、それによって規範を確証するものである、というシークェンスである[1)]。

社会的なものであるためには、犯行の意味は能力のある人格に由来するものでなければならない。刑法の専門用語でいえば、有責的に振舞う人格に由来するものでなければならない。本著作集の中では、行為概念に関する論稿と従属性に関する論稿が、これを扱っている。たしかに、責任を要しない行為概念を作ることもできる。いわゆる因果的行為概念と目的的行為概念は、このことを十分に示しており、かつ、この二つの行為概念が（刑法）教育において果たした大きな成功は、犯罪の中から重要な構成要素を取り外すというその力に拠るものである。しかし、それでは、全体ではなくて意味のない断片しか手に入らない。

もっとも、そうだとしても、（不作為者を含む）行為者の能力は、難問である。すなわち、人格は、どのようなときに、規範違反を表出するのであろうか。――それは、悪しき結果に対して原因となったとき、または、悪しき結果を目的的に

1）　犯罪行為は何事かを意味するばかりでなく、「無言の（意味を持たない）暴力」でもあるということ、刑罰も同様であることについては、私は日本語でも理解可能な別稿で述べている。ギュンター・ヤコブス著、飯島暢・川口浩一訳「国家刑罰――その意味と目的――」（*Jakobs*, Staatliche Strafe: Bedeutung und Zweck）（関西大学出版部、2013年）。

ないし不注意に引き起こしたときだとする――古典的な解答は、すでに数十年前から妥当性を失っている。というのも、ほとんど常に、「それと並んで」結果帰属の精密化（「客観的帰属」）とともに展開されてきた許されない態度に関する理論が、人の態度形態にその意味を与えるものもまた、社会的な刻印（Prägungen）であることを明らかにしたからである。すなわち、許された危険、信頼の原則、自己危険に基づく行為および遡及禁止の領域といったものからの逸脱、包括的に言えば、社会的不相当性である。要するに、すべての人格は一定のスタンダードを保障しなければならず、それも、作為においても不作為においてもそうなのである。

社会的な態度範型から見るなら、それは社会的機能を有する責任概念への小さな一歩である。この責任概念は、個々の人格を管理するための道具ではない。というのも、人格は、安定した社会がなければ、それ自体としては安定せず、ゆえに、社会の安定のために動員されることに対して異議を申し立てることは自己矛盾となってしまうからである。文化的な異邦人でも、態度の自由それ自体に対しては異議を申し立てることはできないし、責任を規定する際にも自分が異邦人であることを責任減少的に考慮せよと要求することはできない。総じて言えば、社会的な責任概念は、責任の有無の限界について新たに規定するものというより、社会的機能を有する範型として古くから確立されていた範型を新しく解釈したものなのである。一旦このことが認識されたなら、故意概念を脱心理主義化することにも成功する。その際、指導的な概念は、「故意としての間接故意」と「非故意としての特別な認識」である。

第２巻においては、機能主義と社会的損害に関する論稿が、理論的な手がかりを最もよく説明するものであろう。すなわち、刑法は社会的な制度であって、それを媒介にして初めて、個々の人格に利益な制度となるということである。その際の人格とは、権利と義務の担い手であり、教化され社会化された（！）個人としては、社会抜きでは考えることのできない存在をいう。もっとも、モダンな社会は、自由な社会としてしか安定して確立されることはできない。そして、自由の強力な保護なくしては、個々の人格はそれに割り当てられている役割を果たすことができない。しかし、これは、社会を個人の下位に置くという帰結をもたらすものではない。というのも、個々の人格は、社会なくしては、教化されることはなく、ましてや、政治的に強化された「頭」となることはできないからである。

このような手がかりからも、自由な法治国家への厳格な諸要求が定式化できるということを、可罰性の前倒し・前置化に関する論稿が十分に明らかにするであろう。

さらに、敵味方刑法（Feindstrafrecht）に関する二つの論稿がある。この挑発的な名称は、この問題の危険性を、疑いの余地なく明らかにするために、意識的に選択されたものである（もっとも、それは条件付きでしか成功していないが）。すでに実現された不法にしか結びつかない「刑罰」という名のリアクションが、これに反して、端的に、刑を受ける者が将来もたらすであろうと予想される不法を回避するために用いられるのであり、それはもはや市民の扱いと解することはできないものである。というのも、市民には、彼は適法に振舞うであろうという推定が当てはまるからである。敵味方刑法の明らかな例である犯罪およびテロ結社の形成の罪に、最近、「国家を危殆化する暴力行為遂行のための関係の受け入れ」（ドイツ刑法89b 条）にまで至るいくつかの新たな予備罪が付け加えられた。この奇怪な名前の規定から感じ取られるような振舞いをする者は誰であろうか。はっきりとした言葉を好む者はこう答えるであろう。それは敵だ、と。

敵味方刑法的な規定、および、この領域を戦わずして放棄することは勧められない（テロ結社の結成に対しては、まさに武装するしかないではないか？）という確認に対する最も説得的なリアクションは、刑法を管理法にするという提案である[2)]。これは深化されるであろう。もっとも、同時にそれは、ハードではあるが正鵠を射た名称を包括的に拒絶することによって、つまり、敵味方刑法というものがあるのだということを否定することによって、妨げられる。

筆者が用いない言語での出版にはつきものであるように、筆者は翻訳者に十分な感謝をしなければならない。とりわけ、本論文集の構想を粘り強く追求し、加えて翻訳の中心的な役割を引き受けていただいた松宮孝明氏に感謝申し上げる。また、翻訳の労をお取りいただいた安達光治、平山幹子、豊田兼彦、玄守道の諸氏にも感謝の言葉を述べたい。加えて、出版を引き受けていただいた成文堂にも、謝意を表する。最後に、私の述べることに対して――賛同的または批判的な――見解を私にお知らせいただけるすべての読者に対して、あらかじめお礼を述べて

2）　パヴリーク「テロリストとその権利　現代テロリズムの法理論的な位置づけについて」（*Pawlik*, Der Terrorist und sein Recht. Zur rechtstheoretischen Einordung des modernen Terrorismus）2008年。

おきたい。なぜなら、学問的議論こそが、本著作全体の目標だからである。

2013年 9 月

ボンにて

ギュンター・ヤコブス

目　次

翻訳初出一覧

本書に収録した論稿の中には、すでに大学の紀要等でその翻訳を公刊したものもある。もちろん、そのような論稿も本書収録のために改めて翻訳し直したので、訳文は同じではないが、参考までにその初出を明らかにしておく。

[1] 初訳

※新谷一幸「法益保護の早期化傾向について——ヤコブスの所説に関して」修道法学11巻1号（1989年）73頁を参考にした。

[2] 「ギュンター・ヤコブス：機能主義と古きヨーロッパの原則思考の狭間に立つ刑法——はたまた『古きヨーロッパ』刑法との決別か？」金尚均＝松宮孝明訳、立命館法学247号（1996年）

[3] 「（資料）ギュンター・ヤコブス：現代の挑戦を前にした刑法学の自己理解」松宮孝明訳、立命館法学280号（2002年）1681頁以下

[4] 「市民刑法と敵味方刑法」平山幹子訳、立命館法学291号（2003年）1539頁以下

[5] 初訳

※川口浩一訳「社会損害？」ギュンター・ヤコブス著／川口浩一＝飯島暢訳『法益保護によって刑法は正当化できるか？』（関西大学出版会、2015年）75頁以下を参考にした。

[6] 初訳

法益侵害の前段階における犯罪化
Kriminalisierung im Vorfeld einer Rechtsgutsverletzung

in: ZStW 97 (1985) Heft 4, S. 751-785.

目　次

Ⅰ　総論――前段階的態度の犯罪化――

1．私に与えられたテーマは、固定的なものとして考えられた法益侵害の前段階における犯罪化の問題である。この問題は、この報告の第１部（I. 2からI. 8まで）で扱う。その結論は、次のようなものである。すなわち、刑法典にある前段階犯罪化は、その相当部分において、自由主義国家では正統化できないものである、と。そこで、私は、それに続いて第二部において、前段階行為犯罪化の非正統性が「前倒しされた法益」(vorverlagerte Rechtsgüter) の保護によって――たとえば、法的平穏や公共の安全、法に親和的な雰囲気の保護によって――中和され得ないか否かについて、簡単に検討する。

2．この問題に関するドグマーティクの現状は、圧倒的に無邪気な実証主義である。たとえば、「既遂」という概念は形式的概念であって[1]、実質的基準によってではなく、構成要件の定式によって決定されるため、そもそも何が前段階なのかが、実質的に明らかになっていない。形式的基準では、謀殺罪では前段階であるものが、通貨犯罪や文書犯罪では早くから既遂になる。実質的に規定される前段階の始めと終わりが不明確であるから、正統な可罰性を持つ前段階行為と、

＊1985年５月のフランクフルト・アム・マインにおける刑法学者大会での報告

1）それに合わせた過度に実証主義的な理論を展開したのは *Fincke*, Das Verhältnis des Allgemeinen (Teils) zum Besonderen Teil des Strafrechts, 1975, S. 35ff.

もはや可罰的でない前段階行為との限界がどこにあるかは、ましてや不明確である。そこで、全体テーマ[2]に挙げられている犯罪発展の刑法に与える影響が、守られるべき諸原理の放棄および既存の原理放棄の拡大という形で現れていないか、という疑いを表明することが許されよう。

たとえば、刑法総論に関するほとんどの著作では、可罰的な未遂の限界づけが、第一級の法治国家的要請として描かれている。しかし、このように告白しても、実行の着手前の処罰の正統化、たとえば関与未遂（ドイツ刑法30条）による犯罪の予備を理由とする処罰の正統化に対しておざなりの義務履行以上のものが捧げられることはない[3]。関与未遂処罰規定による予備の可罰性は、正犯または教唆犯として関与する複数の人間による重罪の予備（ドイツ刑法12条）すべてについて、未遂の限界を刑罰枠の限界という第二級の問題に格下げしてしまう。これは、「原理喪失」の一例である。

早期化を広く受け入れる姿勢を支えるものとして、いくつかのもっともらしい理由が挙げられる。たとえば、責任原理や行為者への方向づけ、不法の個人化（Personalisierung）といった派生的な淵源から出てくる主観化傾向である。早期化傾向もまた主観化傾向を促進し、その結果、両者が相互循環的に支えあっている可能性も否定できない。さらに、早期化を支える予防警察的論拠もある。既遂（時期）は、警察が最も好都合な時に介入することを可能にするために早期化されるのである。というのも、可罰性を早期化すると、予防（Prävention）のために許される事柄の限界が、抑圧（Repression）のために許される事柄をも取り巻いて拡張されるからである。いくつかの悪名高い可罰性早期化領域が、いくつかの悪名高い密行的警察活動の領域と一致するのは、決して偶然ではない。すなわち、麻薬犯罪、国家保護犯罪、通貨偽造の罪といった領域である。

3．私はさらにもうひとつの、隠された、それゆえにコントロールが一層困難な早期化根拠を追及したい。すなわちそれは、法益保護原理そのものである。この原理は、法益概念によってポジティヴな関係に置かれることのできるすべてのものの正統化に対する信仰を呼び起こす。当然のことであるが、人が社会の統合状態を法益が侵害されないことによって定義しようとするなら、人が法益に対す

2）「犯罪の近年の発展と、その刑法に与える影響」（1985年の刑法学者大会における全体テーマのこと――訳者注）

3） もっとも、*Kohlrausch/Lange*, 43. Aufl. 1961, §49b Anm. I bis III は、これに批判的である。

る危険な侵害とみなすことのできるものは、間違いなく社会侵害的であるように見える。

しかし、この方法が法益だけに依存するなら、それは際限のないものになる。なぜなら、その場合、行為者の権利領域はそもそも視野に入っていないからである。行為者は、法益を危殆化する可能性のある者としてしか定義されず、そしてそうなると、危険の始まりは潜在的に際限なく前倒しされる可能性が出てくる。行為者は、私的領域、すなわち社会的に問題とならない領域を持たず、単なる危険源に、換言すれば法益の敵にすぎなくなる。さらに、法益保護に依拠する方法を一貫させるなら、潜在的行為者の危険な思想、さらにはこのような危険な思想の源泉とも刑法で闘わなければならなくなるであろう。危険な思想は社会生活の攪乱（Störung）ではない、というよく知られた回答は、そもそも、法益保護の諸原理から引き出されることのできる論拠からは出てこず、むしろ外在的に作り出されなければならない。すなわち、法益の完全性を媒介とするだけでは社会生活は定義できず、それでは博物館の陳列物状態から抜けられないのである[4)]。たしかに人は、思想と闘う刑法から、その明らかな好ましくない副作用のゆえに、自己を守ることはできる。しかし、それは、自身を限界づけるためにはその点で役に立たない法益保護という手法に対して画される――法益保護から見れば――外在的な限界である。

行為者を法益の敵とする定義は――それによるなら、具体的にはそれが好都合な時期でないとしても、最も早い危険徴表に対しても闘うことができるのであるが――、本稿では、行為者を市民（Bürger）とする定義と対決させられる。その際、行為者は、被害者の財を危険にする可能性をもつものとして知覚されるばかりでなく、始めから、コントロールから自由な領域をもつ権利があるものとしても定義され、そして、市民としての地位からある程度しっかりした早期化限界が展開されることが証明されることになる。

全体主義的でない刑法なら、行為者の最小限の地位を承認する。「何人も思想を処罰されない[5)]」という命題が妥当する限り、社会的に問題とならない私的な内密領域、すなわち思想という領域が存在するのである。このような内密領域を

4）　その基礎は、*Welzel*, ZStW 58 (1939), S. 491ff., 515.

5）　ウルピアーヌス『学説彙纂』48. 19. 18.

承認する根拠は、効果的なコントロールが困難、否、それどころか不可能であることであるかもしれない。賢明な立法者は、万人がコントロールできないことを知っているときには、そのようなコントロール外の出来事を規制しない。もっとも、主たる根拠は、人を外界との限界として皮膚を持つ心理・生理的なシステムだと解する広くいきわたった自然主義に求められる。このような定義は、拒否すべきものではなく、有用なものとしてその領域を拡張し得る。かくして、この心理的・生理的システムの内側に関する情報は、通常、その主体自らによって、あるいはその協力によってしか、獲得できない。このシステムは、もはや、意味のある方法では縮小することもできない。なぜなら、さもなくばこのシステムは破壊されてしまうからである。刑法実務に特有なものも、これに一役かっている。すなわち、外界との限界としての皮膚を持って、人は囚人服の着用に臨む。これは冗談ではない。人は皮膚の内部にある領域を単なる拘禁によって自由に処分することはできないという命題から、膨大な処遇理論が展開され得るのである。

自然主義的に規定された主体に方向づけることが部分的には意味のあるものであることを示すための、さらなる具体例を挙げることもできる。しかし、それは、このような主体概念の給付力の限外を覆い隠すことはできない。すなわち、そのような主体概念では、「何人も思想を処罰されない」というルールは、内側の最大量を定式化しているのである。言い換えれば、指の動きや眉毛の吊り上げもまた、たとえそれが極めて私的な生活上の表現であったとしても、外部的なものとなるのである。刑法では、そのような帰結をもたらす主体概念、すなわち自然主義的な主体概念は使えない。すなわち、自然主義的な主体概念は、内外の限界画定の際に有為的な自然条件に着目するが、他方で、ここでは規範的な割り振りが重要なのである。人がどのような主体として振る舞うかは、そもそも常に不変のものではなく、必ずしも感覚的なものに限られない雑多な諸関係に左右される。主体という概念もまた、実体存在論的に固定されるのではない。ときには、主体の領域は自然主義的主体概念のそれよりも小さくなる。一定の社会関係、たとえば、緊密な人間関係の中では、および宗教的共同体の中では、またさらに、全体主義的な国家の中では、主体は純粋な思想についても責任を負うことがある。自由主義的な秩序の中では、事態は逆である。人は、基本法に従って存在しているような秩序の中では、市民[6]である。つまり、服装、合意に基づく社会的コンタクト、住居および所有物（金銭、道具など）から成っている私的領域を自由に処分できる主体である。この私的領域を、私は、内部的市民領域と呼ぶ。それと並んで、公共の関心事項について共同する権利ばかりでなく、合意に基づかない社会的コンタクトや、さらには公共物を使用する権利（Gemeingebrauch）、出国・入国の権利といったものが属する外部的領域がある。

私は、まず、私的領域、すなわち内部的市民領域を扱う。これは、市民と国家との関係においては、主体としての市民の一部である。国家が私的領域に介入するなら、市民の私事性、それによってまた主体的地位は終わる。私的領域なくしては、市民はそもそも存在しない。たとえば、仮に人間がカタツムリの殻のような家を自分で作って持ち歩く存在であったなら、住居が身体と同じく内部的領域に属することが実感できるであろう。自然主義的主体概念を棄ててシステムの範囲を規範的に決定することには、何の差支えもない。この場合には、借りた部屋はカタツムリの殻と同視され得るのである。

「思想は処罰の対象とならない」（cogitationis poenam nemo patitur）というルールは、主体の内部領域だけでは社会的撹乱にはなりえない、という一般的命題の具体化のひとつにすぎない。内的なものは処罰の対象にならない（De internis non judicat Praetor）[7]。その際、外部的なものと内部的なものとの間の限界は、社会の理解に応じて決定されるし、社会の内部においても領域によって異なって決定される。しかし、いずれにしても、感覚的な関係に必然的に左右されるというものではない。

純粋に公的な関心事は、当事者の取り決めによって私的なものにすることはできない。たとえば、公務員の職務行為に関連した賄賂収受は、私的に意欲されたものであっても、外部的な行為である。逆に、私的領域の私事性は、その保持者によって変えられるものではない。自分が私的領域で何をやっているかを公言すること（あるいは探り出すこと）はできるが、それは、その人の私的領域を公的な関心事にするものではない。もっとも、（公言されたことではなくて）公言することそれ自体は、外部的出来事ではある。それは、以下で説明する要件があれば、

6） 市民の領域は、常に同じ強度を持つものではない。たとえば、公共物を使用する権利ないし団体結成の非私事化は、通常は、住居ないし頭脳の非私事化よりも主体性を害する程度は小さいであろう。しかし、私事性の弱い地位であっても、私事性の強い地位は私事性の小さい地位に囲まれてしか存立し得ないがゆえに、保護に値する。

7） *Liebs*, Lateinische Rechtsregeln und Rechtssprichwörter, 1982, D 19による。

犯罪化されることも可能である。それも、単に思想が共有されるにすぎない場合でも、公言された内容が問題なのではなく、公言自体が問題だからである。この問題については、私はさしあたり脇に置いて、内部領域の話を続けよう。

可罰性の早期化に関してそこから引き出される帰結は、次のようなものである。すなわち、逸脱主体の内部領域は、思想ばかりでなく、私的領域全体を含んでいる、ということである。単なる思想が共同生活の撹乱の源泉となりえないように、私的領域内にとどまる態度もすべて、私的領域が他人のそれと競合してもはや私的でなくなるのでない限り、撹乱の源泉とはなりえない。その効果も含めて市民が公的なコントロールを免れていられる領域にとどまる事柄は、身体の内部から合意に基づく社会的コンタクトに至るまで、何らかの犯罪の可罰的予備ないし未遂にも、それどころか既遂にもなりえない。たとえば、前述の関与未遂の場合、私事性を充たす条件のもとで行われた共謀（Verabredung）、たとえば親しい友人間の共謀であっても、それがドイツ刑法30条によって犯罪行為たる共謀と定義されるならば、その限りで、その関与者からはその私的領域が奪われるのであり、そして彼らは、市民という地位にはふさわしくない敵として扱われるのである。これは、たしかに、法益保護には役立つ。しかし、この保護のために、行為者は自分の内部領域の一部を譲り渡さなければならないのである。そのような主体の縮小は、市民刑法とは明らかに異なった類の刑法のものである。すなわち、敵味方刑法（＝行為者を「敵」とみなす刑法――訳者注）は法益保護を最大化し、市民刑法は自由な領域を最大化するのである。

ドイツ刑法典をざっと見ただけでも、数多くの規定がここにいう市民刑法の枠から逸脱し、敵味方刑法に属している。予備行為が私的領域内で行われる限りで、すべての実質的な予備行為の犯罪化がこれに当たる。ここには、前述の関与未遂のほかに、いくつかの国家保護犯罪や犯罪ないしテロ結社の罪（ドイツ刑法129条、129a 条）が含まれる。実行の着手への影響は明らかである。通貨偽造を含む文書犯罪は、その製造および収得の形態において、前述の私的領域不介入の原理から見れば、少なくとも疑わしい。文書偽造（ドイツ刑法267条）の場合には、私的領域不介入のルールのいいかげんな取り扱いは、この規定の発生時期に対応している。すなわち、二行為犯（＝結合犯――訳者注）のうちの第一行為だけ、つまり偽造だけをもって既遂とする現在の規定は、1943年に生まれたものであり[8)]、まるで法益保護だけが唯一の論拠であるかのように、「そのほうがより良く法益の保護ができる[9]」という理由で、それが今日も生き続けているのである。

関与未遂および犯罪・テロ結社については、本稿で中心的に扱っている主体の内部領域への位置付けは、自明のこととは思えないかもしれない。関与未遂や犯罪・テロ結社については、団体の結成がなお私事なのかという問いである。その限りで、この問いによって吹き込まれているのは、違法な目的の追求が団体の結成ばかりでなくその構想全体に関わるのであれば、違法目的の追求は私事ではありえないという考え方である。たしかに、人はあらゆる犯罪の予備を私事でない行為だと定義することができる。もっとも、そうなると、もはや思想の犯罪化を阻止する根拠もなくなる。このような方法によれば、刑法全体が敵味方刑法になってしまう。団体結成の私事性問題については、さらに、団体の構成員はその定義上、相互に私的領域を開いている、という事情が持ち出される。しかしながら、この共同の領域は、部外者に対しては閉じられているのである。というのも、誰かが他人と関わり合うことは、決して公的介入を正統化しないからである。そもそも、社会関係が市民の私的領域に属する限りで、市民的地位の他の要素が濫用されることがあるのと同じく、この関係もまた濫用されることがあり得るのである。犯罪の予備に当たる社会関係は、私的領域内部にとどまる他のどのような関係とも同じように、また私的領域内部にとどまるその他の振る舞いと同じように、純粋に私的なものなのである。

このような帰結は、ドグマーティクの一部の領域に蓄積されている。すなわち、共同正犯および共犯の場合に、すべての関与者に対して統一的に犯罪段階を規定する量的従属性（＝実行従属性――訳者注）のルールは、行為者たちの側での分業は関与者らの私的関心事であるという原則によって、最も無理なく説明されうる。そしてまた、この量的従属性のルールは、被侵害法益に対してネガティヴな関係にしか立たない人物にだけ、つまり自分の組織化領域から他人の組織化領域に対して有害な作用が出ないように配慮すればその義務を履行したことになる人物に対してだけ妥当することも、無理なく説明される。義務犯の場合には、制度的な関係が、行為者が勝手に事態をアレンジすることを妨げる。真正身分犯[10]は、

8）1943年５月29日の勅令 RGBl. I S. 339. この勅令によって、同時に、今日の範囲に、そしてさらにいっそう拡大された。

9）*Tröndle*, in: LK, 10. Aufl., vor §267 Rdn. 14. しかし、*H. Mayer*, Strafrecht, 1953, S. 277は、これを批判する。

特別義務者として、彼が共犯者らと共同でなしたことに対してではなく、彼が財に対して有責であったことに対して直接に責任を問うものである。たとえば、妻の殺害を教唆し、それ以降の経過を手放した夫は、彼が有害な経過を阻止するチャンスを、しかも彼が関与しなければ生じていたであろう結果阻止のチャンスを潰した場合と同じく、終了未遂の正犯である。

4．外部領域での出来事と内部領域での出来事とを区別する構想について詳しく述べる前に、これに対してすぐに連想される異議について検討しなければならない。それは、主観的行為側面ないしその他の内部的出来事を考慮することを、原理的かつ無条件に放棄することは不可能であるということを出発点とするものであり、思想が原理的に内的領域にとどまるものでないことは、責任（Schuld）に対するその重要性によって例証されているのであるから、責任刑法においては内部的領域というものはありえない、とする異議である。一見すると、これは明らかに正しいように思える。というのも、実際、訴訟において責任の検討がなされる場合に行われる一身専属的な領域の強制的な開示に際しては、内部領域を内部領域として尊重するとは言えなくなってしまうからである。法廷では、思想の発生過程でさえ、暴かれてよい。そこでは、思想や、それどころか共謀ないし団体の結成という出来事は原則として私事である、それももっぱら私事にすぎないという主張は、どうしたらできるであろうか。

このような批判の底には、社会的態度を解釈する際の内部領域の役割についての誤解がある。それは、とりわけ主観的な行為側面を取り扱う際に起きやすい誤解であり、ゆえに、主観的側面の探知を手掛かりに、全体を代表して取り扱う。行為者の責任は刑の量定の基礎であるから（ドイツ刑法46条１項１文）、責任刑法に外から接木された処罰要件の客観的側面の重要性は次第に小さくならなければならないように見える。このように見ると、客観的側面が必要なのは責任刑法の根拠づけのためでなく、その限界づけのためであるように思える。しかし、これは違う。特に早期化問題に限って言えば、「未遂では、犯罪的な意思が刑罰法規の対象であるということは疑いえない[11)]」とするライヒ裁判所の見解に従うなら、未遂の処罰要件としては故意およびまったく不明確な方法でそれに関係付けられ

10） *Roxin,* Täterschaft und Tatherrschaft, 4. Aufl. 1984, S. 352ff., 459ff., 621ff.; *Roxin*, in: LK, §25 Rdn. 29ff.; *Jakobs*, Allg. Teil, 1983, 21/115ff.

11） RGSt 1, 439, 441.

る「外部的行為[12]」で満足し、故意およびそれに結び付けられた「外部的行為」があるときには、罪体（corpus delicti）従ってまた知覚可能な社会的攪乱を放棄するほうが一貫している。このように判例が構成要件缺欠の理論を早期に見限ったことは、未遂の場合、「外部的行為」はいつ社会的に重要な行為となるのかという問題に対する意識の放棄でもあった。これは、未遂行為者の一種の非市民化である。つまり、未遂行為者は主として、危険な内部生活を営むシステム、つまり法益の敵というレッテルを貼られたのである。

「外部的行為」は、ライヒ裁判所にあっては、それ自体が社会的攪乱であるという性質を失っている。それは、主観的側面を探り出すための外部的契機にすぎない。そうし得たのは、以下のような理由によるものかもしれない。すなわち、現代社会は、複合的な態度が社会的に害なく遂行され得る場合にだけ持続する。なぜなら、可能な限り自由な態度選択の保障がこの社会のイデオロギーに属するのであり、またそれに加えて高度に洗練された態度が、社会およびその構成員の存立を保障するために必要だからである。この状況では、構成員の態度を、完璧にまたはほぼ完璧に中央集権的コントロールに服させることはできない。否、中央集権的コントロールどころか、好ましいまたは控えるべき行為態様を詳細に規定することも、反対に規範違反の行為態様をすべて規定することも、現実には、道路交通のような、標準化可能なわずかな生活領域でしか可能でない。それ以外では、外枠を呈示することしかできないのである。たとえば、模範を示したり刺激を与えたり規範を示したりといった方法で。その際、このような外枠は構成員の自己操縦によって充たされるしかない。つまり、これが重要なのだが、外枠的模範に従った構成員の自己操縦に対する高度の需要があるのである。このような状況では、ごくわずかの比較的強力に標準化されている態度領域以外では、外部に現れた態度形成に照らしてその態度を判断し評価する――私は、これをその解釈（Interpretation）と名づけるが――というチャンスは存在しない。むしろ、解釈のためには、行為者が考えている脈絡、つまりその操縦連関を引き合いに出さなければならないのである。たとえば、何者かが住居権者に無断で家屋に立ち入る場合、その人物がその家屋内で何を「意図しているのか」を知らなければ、その態度の意味は判断できないのである。それは、家の主人の殺害という悪事から、

12）　RGSt. 1, 439, 442.

緊急事態における救助の試みという「善行」に至るまで、あらゆる可能性を孕んでいる。

標語的に言えば、ライヒ裁判所にあっては、その目は、外部的態度から内心に向かうのではなく、故意から外部的態度に向かうのである。このような見方が、今日に至るまで、未遂論を規定している。構成要件欠欠論の終焉後は、行為者の故意を強制的に認定する権利を根拠づけることに資する未遂論は、あるいはそのような権利の必要性を明言するだけのことに資する未遂論すら、もはや展開されていない。すべての学説[13]が、外部的行為の多義性を理由に、態度を解釈する際には主観的行為側面が決定的たらざるを得ないとするのである。しかし、態度の精密な解釈は主観的連関を考慮しないと不可能であるということは、どのような身体運動であっても、それがあれば主観的側面の強制的な探知が正当となることを意味しない。なるほど、いかなる同胞のいかなる態度をも、勝手に解釈することは許されるであろう。しかし、そのために同胞を強制的に拘束することはできない。むしろ、人がその態度を判断されるために強制的に拘束されるべきだというのであれば、彼がそのための権限を与えたのでなければならない。すなわち、彼は説明義務を負う状態に至ったのでなければならないのである。この義務は、行為者が彼の私事としてよい態度からは引き出され得ない。というのも、彼はその限りでは、統制から自由だからである。つまり、主観的な側面が強制的に確定されるべき場合には、行為者は、彼がもはや統制を断ることができないような関係に踏み込んでしまったのでなければならない。そうでないのであれば、私事の領域を離れていない。つまり、内心の考慮は、市民を敵に貶めるものである。なるほど、結果的には、攪乱的な態度を主観的脈絡からも解釈することを避けることはできない。しかし、主観的脈絡は、そもそも外部的行為がいつ解釈を必要とするものとみなされてよいかという問いに際しては、もはや役に立たない。換言すれば、自由主義国家の刑法において重要なのは、内心の統制ではなく、外部的態度の統制なのである。**内心に関する問いは、いずれにせよすでに攪乱的となっている外部的態度の解釈のためにしか、許されない**。したがって、ある態度は、

13) 今日主張されている未遂の処罰根拠論のいずれもが、主体の内部領域からの攪乱の独立性を要請しない（*Vogler*, in: LK, vor §22 Rdn. 36ff. 参照）。その点では、すべての学説が、ライヒ裁判所の遺産、すなわち（偶然とまでは言わないまでも）「外部的行為」の不特定性という形象を引きずっているのである。

それが可罰的であるべきであるなら、その主観的側面から独立して、かつ——主観的側面がこれまでのところ全体を代表しているので——およそ、その私的領域における行為者の態度から独立して、攪乱と解されるものでなければならない。

5．あらかじめ除けておいた、しかし、今こそ扱われるべき外部的な市民的態度への、このような行為原理（Tatprinzip）の適用は、外部的なものがみな、攪乱として評価されてよいということを意味しない。むしろ、その意味するところは、まさに攪乱的な外部的態度こそが、内部的脈絡に関する問いを許容するということである。たとえば、国境通過や他国の権力[14]と関係を結ぶことは、内心領域にとどまる出来事ではないが、自由主義国家においては社会的に相当である。そのような行為態様が主観的連関を探知する契機とされるのであれば、同じ正当化方法で、より正確には同じく正当性のない方法で、どのような恣意的な契機にもすることができてしまうであろう。すなわち、悪しき思想を推定しても、それだけでは攪乱と評価することができないので、何らかの社会的に相当な態度を口実とすることになるのである。たとえば、ドイツ連邦共和国に対して戦争を招来する目的で、「この法律の場所的適用領域外の政府、団体もしくは組織またはその仲介者の一人と関係を結び、またはこの関係を維持した」者は、ドイツ刑法100条により、平和を危殆化する関係の罪で処罰されるという場合、これは、この関係が無色である可能性のゆえに、処罰されるべきは思想ではなく行為であるという原理に対する、その偽装が簡単に見抜ける違反である。というのも、この規定の名称に反して、これらの関係は必ずしも平和を危殆化するものではなく、行為者の意図が平和を危殆化するものだからである。換言すれば、この構成要件が「外部的行為」として要求しているものは、ライヒ裁判所の未遂論における「外部的行為」と同じく、不十分なものなのである。行為者の内心を知って初めて注目を浴びるような態度は、犯罪として扱われてはならない。なぜなら、処罰根拠は、そうでなければただ、行為者の内心だけだからである。

内部的側面を問いただすことの正当化を不要とした場合にどこに向かうかは、すでにツァハリーエ[15]が約150年前に印象深い言葉で定式化している。すなわち、「裁判官は、薬局に入って毒薬を求めるすべての者に対して、武器を買いまたは

14）　これについては、後述するⅡ.2.を参照せよ。

15）　Die Lehre vom Versuche der Verbrechen, 1. Theil, 1836, S. 210.

梯子と縄を調達するすべての者に対して、これが犯罪をする意図で行われたのでないか否かを糾問する権限を持ち、その他何千もの事例において言語道断の方法で市民生活に介入することができることになろう。もっとも、国家をして人倫を強いる懲治場であるとみなし、不道徳な思想を知ることができ、これに応じて処罰することができるために、すべての人間がその思想を映し出し認定することのできる鏡を胸に下げていないことを嘆く人物は、犯罪的意思の徴表である可能性のある態度をすべて可罰的な未遂だと宣言することも好む。しかし、願わくは、そのような原理が、けして積極的に適用されないことを！」

6．自由主義国家では、思想ばかりでなく、私的領域にあるすべての態度がすべて、それもそれ自体としては目立たない外部的態度がすべて、責任から自由である。市民は、この上記の枠を踏み越えて攪乱的な態度を取ったときに初めて犯罪行為者となるのである。すなわち、他者の組織化領域の形成を現に僭越した（anmaßen）ときに、である。現実の僭越がそれ自体として認識可能である場合に、かつ、その限りで、行為者に対して、いかにしてそのような態度に至ったのか、およびその態度によって何を目指しているのかを問うことが正当化される。つまり、彼の態度をその内心を顧慮して解釈することが、正当化されるのである[16)]。なるほど、このような認識可能性は、故意それ自体ないし過失それ自体よりもいっそうわずかなものである。なぜなら、ある態度が意味し得るすべてのものは、その結論を外部的形態から読み取るにはあまりに複雑なものだからである。しかし、解釈の必要性は、それ自体として明らかでなければならない。

解釈の必要性は、心理学的に理解されてはならない。つまり、何者かが外部的態度を記録し解釈しようと努める用意があるか否かは重要ではないのである。その限りでは、完全な法益侵害の場合に、それが何者かに気づかれ攪乱と感じられたときだけ社会的攪乱となるのではないのと、状況は同じである。決定的なのは、何が記録され解釈されてよいかであり、何者かが彼の私的領域から外に発したものを意欲したということであって、それがすべてである。彼が外に発することなく、発しようと意欲したにすぎないものは、これには属さない。行為者が被害者

16） 現行法によれば、予備は不可罰であるが予備の不申告は処罰されるというケースがある（ドイツ刑法138条）。すなわち、単独犯の予備の場合である。本稿で提案する構想によれば、このような不整合は、より明瞭に明らかになる。この不整合は、不申告が、その結果として、申告されなかった犯罪が可罰段階に達したときに初めて処罰されるようになれば、解消する。

に毒を盛った食事を提供した場合には、毒見の際に何も怪しいことは気づかれ得なかったとしても、これは解釈の必要な外部的態度である。なぜなら、この食事には現実に毒が盛られているのであり、かつ、この所見から出発すべきだからである。しかし、行為者が塩をヒ素と間違えたために、この食事には塩が振りかけられているだけであったときには、この無害な料理の裏に隠されている行為者の内心の外部表出は失敗したのであり、その行為者に料理の能力があるかどうかは解明されてよいが（その限りで、彼の態度は解釈を必要とするが）、殺人をする気があったかどうかを解明してはならない。その際、行為者が、彼の私的領域から外部に内心を表出する前に、違法な行為をする故意が明らかになるような策動を行ったかどうかは重要ではない。なぜなら、私的領域にとどまる態度は、解釈されてはならないからである。

犯罪の未遂に関しては、それに加えて、構成要件実現の直接的開始に関し、態度の実質的に犯罪的なもの、すなわち行為者がすでに被害者の関心事を組織化するという僭越をしているかどうかに着目しなければならない。その際、自分は何事かを僭越しているという行為者の表象が、錯誤に基づいていることもあり得る。その場合には、未遂の客観的側面が欠ける。すなわち、行為者は実現を開始しようとしたが、その試みはうまくいかなかったということである。このような未遂理解は、古い構成要件缺欠の理論を一部再生するものである。未遂では、――狭義の（身分犯等における――訳者注）特別義務者であることの誤想を別にしても――すべてのものを主観で置き換えることはできない。およそ客観化されていない行為者表象を付け加えてしか組織化僭越にならない態度は、社会的に注目されるべきものではなく、また、それを未遂とするなら、処罰されるのは行為ではなく表象だということになってしまう。このことは、とりわけ未遂におけるふたつの錯誤類型にとって重要である。すなわち、行為地に行為客体がない事例と、一見しただけで不能とわかる方法を用いた事例にとって、である。行為地に客体がない場合には、その態度には外から見てわかる目標がなく、また、客体があったらこの客体に対する組織化僭越として認識できることとなることは、客体がないために、方向性を失い無害なものと見られるのである。たとえば、藪に向けて散歩中の歩行者に対するやみくもな殴打を試みた場合、それは、そこからけがをした子供が飛び出してくる場合と小鳥が飛び立ってくる場合とでは、異なって解釈される。あるいは、研究室の壁にインク壺を投げつける行為は、好ましくない訪問者に当たりそうになった場合とその部屋に投げた人間しかいなかった場合とでは、異なって解釈される。客観的に明らかに不能な方法を用いた場合も、事情は同じである[17]。塩を大量に入れたスープは怒りの表現であるかもしれないが、何人に対しても、生命保護のための規範の妥当を疑わせる契機となるものではない。

もっとも、上述した設例において、行為者が故意（dolus）を持っていること（あるいは、それ以外の重要な内心の出来事が起きていたこと）が知られていた場合には、それは攪乱的態度であるとする解釈が浮上するであろう。しかし、故意があると知られていること（あるいはその他の内心的出来事があること）を理由とするこのような解釈は、重要ではない。なぜなら、主観的脈絡に対して適合する態度が見出され得るか否かが問題なのではなくて、行為者を彼の主観的脈絡に結び付けることを外部的態度が許容するか否かが問題だからである。行為原理を承認するのであれば、未遂の場合を含めて、必ずしも犯罪要件のすべてを主観的に補完することはできない。そうでなければ、行為原理を放棄することになってしまう。それは、ツァハリーエが忌み嫌った「胸に鏡を下げている」状態に至ることを意味する。この選択をすることは、難しいことではない。つまり、ドイツ刑法22条の未遂公式は、さほど厳密ではないのである。行為者が、彼の表象によれば、他人の組織化領域形成の僭越を開始したというのでは足りないし、ましてや、それ自体が前倒しされた構成要件の実現を開始したということでは不十分である。むしろ、行為者は、彼の外部的な態度によっても、組織化僭越を開始したのでなければならない。なぜなら、僭越する外部的態度を介して初めて、主観的な思想内容が拘束的になるからである[18]。

未遂の場合よりも広範囲なものとなるのは、形式的には既遂として作られてい

17） その際、行為者の錯誤は無分別に基づいている必要はない。行為者は、それに基づくなら手段の有効性を想定したことがいかにも了解可能な、間違った情報を持っていてもかまわないのである。

18） 行為者が形成僭越を客観化した場合には、主観的な側面はどこまでさらけ出されてよいか。相互に独立した故意は相互に積み重なることはあり得ないというのは、争いのないところである。たとえば、今日強要罪を犯す者は、それによって明日盗むという僭越をしているわけではない。個々の犯罪計画における資金獲得の関係も、必ずしも常に客観的な対応物を有するわけではない。むしろ、主観にとどまることもあり得る。たとえば、明日の武器購入の資金獲得のために、今日、金を盗む者は、今日は他人の所有権以外のものを僭越していない。なぜなら、窃盗は、武器取引を予防するために禁止されているわけではないからである。もっとも、資金獲得の関係が外部的側面を持つこともあり得る。最初の財への介入が、その背後にある財への介入の危険を予防するために禁止されることもあってよいからである。たとえば、住居の平穏の保護は、生命・身体から財産に至るまでの財の完全性を、前倒しされた防衛線で保証するという目的をも有する。

ても、実質的には予備を処罰する場合になすべき修正である。刑罰は、予備の刑罰としては——他の処罰根拠については、後にさらにコメントするが——本稿の構想によると、そもそもごくわずかの場合でしか、正当化され得ない。それは、行為者がすでに他人の組織化領域において注目に値するような態様で予備をした場合に対応する場合である。たとえば、内乱企行の予備（ドイツ刑法83条）の場合に爆弾テロを実行したとか、妨害目的での諜報活動（ドイツ刑法87条）の場合に住居侵入の手段で弾薬庫を探索したといった場合である。ドイツ刑法30条による予備行為については、いずれもこの場合に当たらない19)。何者かが重罪の共謀をしたことを人が知った場合には、たしかに、これは攪乱的である。しかし、何者かが重罪を犯す最も有利な可能性について熟慮していること、あるいは、単独犯として重罪を入念に準備していることを人が知った場合でも、攪乱的である。それにもかかわらず、後二者の予備行為は、常に、不可罰である。それも、これが訴追価値のある帰結に至っていたかもしれないということ抜きに、である。

提案したように、単なる思想およびその他の市民的権利の請求が同等に扱われる場合には、その限界もまた同等に確定されなければならない。その際、「同等」とは、その感覚的知覚に応じて、という意味ではない。「住居の中にあるものは、頭の中にあるものと同じく、私的なものである。」という形での同視は、——自由主義的秩序の諸条件の下では——頭の中ではそのようなことはあり得ないが、ひとつの住居の中では複数の人格の私的領域が競合して存在することがあるがゆ

---

19)　ドイツ刑法30条に列挙されている予備行為に限って処罰する必要性は、一部では、(1) 危険な人的結合が出来上がるかもしれないという理由によって、また一部では、(2) 関与者は実現を手放すという理由によって、さらに一部では、両者を重畳的に用いて、根拠づけられている。*Roxin*, in: LK, § 30 Rdn. 6ff. m. w. N. いずれの論拠も、内容のないものである。すなわち、(1) 約束する前に実質的な依存関係（人の脅迫、買収など）がないなら、人的結合には至らない。何者かが単に約束したというだけの理由で重罪に関与するというのは、極めて珍しいことであって、ゆえに、構成要件拡張の必要性を根拠づけるものではない。危険なのは、依存関係に基づいて構築された約束だけである。人的結合はこのような依存関係の兆候ではあるが、約束の兆候ではない。ドイツ刑法49a 条は、1943年まで妥当していた文言によれば（1876年２月26日の正文。BGBl. S. 25)、単なる約束の脆弱性を考慮していた。なぜなら、口頭での態度は（ドイツ刑法旧49b 条の謀殺の共謀を別にすれば)、利益が見込まれる場合にだけ可罰的であったからである。(2) 関与者の影響力の喪失に関しては、何故に関与者にその共働の途中経過を負責しなければならないのか、その理由が理解できない。（１および２に関して）奇妙な帰結も生じる。すなわち、人が影響力を行使する場合には、それが負責される（ここにいう影響力は、危険な人的結合の客観化である)。他方、人が影響力を放棄する場合にも、それが負責される（手放し)。「処罰根拠」として残るのは、予備はその不実行よりも危険だということである。もっとも、これは、関与の場合に限った話ではない。

えに誤りであるばかりでなく、それと並んで、そして主として、重要なのは空間的その他の感覚的に知覚できる限界なのではなくて、帰属の諸原理に応じた限界であるがゆえに誤りなのである。単なる思想は、負責の帰属を害することなく、放置しておくことができる。なぜなら、主体は、かくあるがゆえに帰属能力を有するのであるが、思想を身体的態度に移し替える際に責任を問われ得るからである。もっとも、他の領域では、決定的な帰属時点は、さほど原則的に先延ばしされ得ない。すなわち、行為者あるいは行為者の代理として関与する者は（も）自己の組織化領域の危険な形成をもはや緩和できない状態に至った場合には、先延ばしできないのである。主体による支配の終了と共に、市民的自由は終わる。なぜなら、そうでなければ帰属ができないからである。たとえば、自分の庭から通行人に向かって石を投げることは、その石が土地の境界線を越える前、あるいは通行人に接触する前から、外部的攪乱である。つまり、行為者ないし関与者の手に余るもの、あるいは彼らの手を離れたものは、空間的状態を顧慮するまでもなく、もはや内部領域にとどまるものではないのである。そして、攪乱がそれ自体として見て取れる場合には、つまり、客観的に危険な状態になっている場合には常に[20]、行為者につきその主観的行為側面を強制的に認定する根拠が与えられる。もはや支配できないものは処罰可能となるということは、内部領域にとどまる組織化は処罰されないことの裏返しなのである。

20） 一定の態度が有する一般的危険性がこの類型に該当する態度すべてを犯罪とする根拠である場合には、危険は抽象的である。構成要件的には、このような抽象的危険は重要でない。*Horn*, Konkrete Gefährdungsdelikte, 1973, S. 27f.（被害者から見て！）存在する財が危険に陥っている場合には、危険は具体的である。このような危険の定義については、*Horn*, a. a. O., S. 31ff. und passim. 特に S. 165. mit Fn. 51. いずれの類型も、混合可能である。たとえば、財が事前的には存在しているように見えただけであるが、現実に存在していたなら危険に陥っていたであろうという場合には、潜在的な具体的危険がある。本文で考えていたのは、この危険である。つまり、投石の事例においては、当該場所には通行人はまったくいなかったが、客観的事前的には、それは予測できなかったという場合にも、危険は存在するのである。仮想的な具体的危険にとっては、財が一般的には存在することが普通であるということで足りる。推定的な具体的危険は、財は存在するが、それが危殆化されているという判断は縮減された判断基底から行われる場合に存在する（シュレーダーの用語法でいうところの抽象的・具体的危険犯の場合がこれに当たる。*Schröder*, JZ, 1967, 522ff, *ders.*, ZStW 81（1969）, S. 18ff. これについての詳細は *Horn*, a. a. O., S. 21ff. 参照）。この縮減は、一定の根拠から損害発生が明らかに不可能である場合にだけ推定が行われない（ドイツ刑法326条５項：現326条６項（危険な廃棄物の無許可取扱い）にいう「廃棄物の量が少ないために、環境に対する……有害な影響が明らかに否定されるときは、罰しない。」――訳者注）、などといった限度でなされ得る。

7．これまでは、侵害するという態度から計画するという態度への早期化を扱ってきた。もっとも、個人の計画連関を狙うだけでは不十分で、一定の標準が、それが個人にとってはその計画連関から見て不必要に思える場合でも、遵守されることを担保しなければならない領域が存在する[21)]。

標準化の必要性については、様々な、それも積み重ねることができる根拠が存在する。たとえば、好ましくない態度結果を個人の操縦によって回避するという市民の能力が疑わしい領域が存在する。たとえば、虚偽供述、偽証、放火、交通における酩酊といった場合である。あるいは、道路交通のように、大量の定型化された判断を可能とすることが肝要であり、その結果、関与者の個性を考慮することができず、より簡便に扱うことのできる解釈図式が必要な場合である。

標準からの逸脱によって特徴づけられる犯罪、すなわち抽象的危険犯[22)]は、既遂にとって法益侵害は重要でないという限りで、総体的に可罰性の早期化をもたらしている。もっとも、個別に見れば、早期化の程度は、極めて多様である。

抽象的危険犯の第1のグループでは、それ自体として外部的かつ攪乱的な態度が存在する。ただ、損害惹起傾向の現実化が一般化されて規定されているだけである。一定の態度を実行する者は、生じた程度の損害は認識できなかったということをも、結果的にうまくいったということも、援用できないのである。これに

---

21)　*Hassemer*, Theorie und Soziologie des Verbrechens, 1973, S. 219f. を参照せよ。

22)　抽象的危険犯として理解されているいくつかの環境犯罪、とりわけドイツ刑法326条（危険な廃棄物の無許可取扱い BT-Drucks. 8/2382 S. 16f.; *Horn*, in: SK, Bd. 2, 3. Aufl. 1984, §326 Rdn. 2; *Lenckner*, in: *Schönke/Schröder*, 21. Aufl. 1982, §326 Rdn. 1; *Maurach/Schroeder*, Bes. Teil Bd. 2, 6. Aufl. 1981, §58 I 5も参照せよ。「独立した法益としての環境的諸価値」としている。）は、侵害犯と解釈することもできる。食料は、それが吐き気を催すような方法で加工された場合には、もはや食べられないように、そしてまた、避妊具は、それが現実に床に投げつけられた場合、または、おそらく投げつけられたであろうと思われる場合には、もはや使用できないように、――その物について有害な生物学的、生理学的または化学的変化が起きていたか否かに関わらず――環境もまた、すでに、有害な生物学的、生理学的、化学的変化が起きていることを心配しなければならない場合には、つまり、もはや環境の安全性が信頼できない場合には、もはや利用できないのである。たしかに、このような損害はその状態を明らかにするための管理に必要な費用に織り込むことができる。しかし、損害除去の可能性は、損害発生を否定する根拠にはならない。それは、器物損壊が修理の費用でもって除去可能であるからといって、それがなかったことにならないのと同じである。財が生物学的、生理学的または化学的状態を変化させていないことが確信できる場合にしか当該財が利用できない限り、この確信の攪乱はすでに利用可能性の攪乱であって、ゆえに損害惹起なのである。もっとも、害されたのは行為客体ではなく、客体と権利者との間の関係である。しかし、人格発展の手段を使用することの保護を、この手段の完全性および処分可能性を介してしか保証しないという必然性はない。

属するものとしては、たとえば虚偽供述、偽証あるいは現住建造物への放火がある。

抽象的危険犯の第2のグループでは、所与の損害惹起傾向の現実化が一般化されるばかりでなく、そもそも外部的な攪乱が存在するか否かという問いも遮断されてしまう。これは、一定の態度に外部的に攪乱的な作用をもたらす傾向が一般的にあることを理由として、この態度がそれ自体で外部的に攪乱的であると定義されることによって行われる。たとえば、交通において酩酊して自動車を運転する者は、彼が外部的には規則通りに運転しており、ゆえに公共物を利用する権利を行使したにすぎないということを援用できない（ドイツ刑法316条）。また、自己の住居に危険な病原体または核燃料を保管していた者は、彼がこれらの物質を常に完全に管理していたという抗弁を聴いてもらえない（連邦伝染病法64条2項1号、19条、ドイツ刑法328条）。さらに、債務超過の際に破産財団に属する可能性のある財産を無にしたものは、破産の危機が迫っていた場合、どうせ全財産はすでに失われていたのだと主張しても無駄である[23)]。なぜなら、このような抽象的危険犯にとっては、記述されたそれぞれの態度類型が僭越的作用を及ぼすことがあるということで十分だからである。このような一般化されて探知される外部的攪乱は、そうでなければ内部的だった態度から、その私的性格を奪うものである。

これらの抽象的危険犯グループはいずれも、危険な態度が完全に実行されたということによって特徴づけられている。つまり、将来の犯罪を故意でまたは非故意で可能にしたことは、問題となっていないのである。むしろ、行為者または関与者にとって当該態度はどのような計画連関の中にあったのか、ということは重要でない。故意の犯罪的態度がそれに続いていないがゆえに、いずれにせよ、それは終了している。つまり、前述の抽象的危険犯グループはいずれも、一般的なルールと矛盾するような早期化によって特徴づけられてはいないのである。このような早期化は、終了未遂の場合と同程度のものであり、できうる限り小さな早期化である。むしろ、その特徴は、一定の類型の態度に外部的作用を一般化したことにある。

もっとも、これによっては、まだ抽象的危険犯のひとつの区切りしか片づけて

---

23) 抽象的危険犯としてのドイツ刑法283条1項（破産）については、*Tiedemann*, in: LK, §283 Rdn. 2ff. を参照。実行行為と「客観的処罰条件」との関係については、*ders.*, vor §283 Rdn. 87ff. および BGHSt. 28, 232, 234を参照せよ。

いない。より大きな困難をもたらすのは、一般的なルールを越えて早期化する部隊である。そこでは、後続する、それ自体として犯罪的な態度なくしてはそもそも危険でない、あるいは明らかに限定的にしか危険でない態度が犯罪化される。たとえば、無許可での自動装てん銃の製造（銃刀法52a条）は、武器が誤ってまたはひとりでに流出してしまう可能性があることで不法となるものではない。つまり、犯罪化されている態度は、それ単独で見れば、正犯的な犯罪予備または幇助未遂もしくは犯罪機会の創出であって、いずれにせよそれ自体では完全ではないのである。

これは問題のある犯罪形態である。すなわち、一方では、この態度によって危険な経過が始まるかもしれないことは明白であるが、他方では、危険の実現は、ひょっとするとまだ計画もされておらず、いずれにせよ一般的ルールによるなら外部的攪乱とは判断できないような段階の犯行があって初めて迫りくることも明白である。たとえば、銃を調達する者は、あるとしても、その銃で犯すことが計画されている罪の予備段階にある。それにもかかわらず、自由主義的な国家でも、個々の市民が自宅にマシンガンを蔵置することを我慢する必要はないであろう。この状態では、ふたつの点で根拠づけが必要である。すなわち、第1に、どのような場合に、一般ルールを外れて、**将来の**自己または他人の態度の危険について負責されてよいのかということと、第2に、行為原理が侵害されないために、この負責はどのように限界づけられ得るのかということである。

第1の問いに関しては、私は、――主として、しかし完全ではないが――将来の態度の危険を理由とする負責が説得力をもって根拠づけられ得るように思われるふたつの（限界は明確ではないが）領域を挙げる。

a）第1の領域は、万人が信頼し、それに反する徴表がない、あるいはさらに経緯が無害であることを根拠づけるいくつかの徴表がある場合にだけ、理性的な人間が行使してよい社会的統制に関するものである。個々の状況が常に統制されているのであれば、いずれの側面についても有益な、その行為の流通性が確保されることになろう。ゆえに、提供者は、自己の私事の一部を放棄して、それを公の審査に晒さなければならない。たとえば、流通に置くために食料を生産している者は、これが流通に適した原材料で、また衛生的な方法で生産されているか否かなどといったことを統制に晒さなければならない（たとえば食品衛生法51条および関連規則）。集会を主催する者は、その世話役らに武装させてはならないし、集会に参加する者も武装してはならない（集会法24条、27条）。道路交通において自動車を運転する者は、彼がしかるべき規則を守っていることを審査させなければならない。

b）第２の領域では、人が合法的な目的でそれを用いることはない、あるいはせいぜいごく稀な場合しかないような特定の物、つまり犯罪用具のプロトタイプが問題となる（これは広い意味で理解される）。このような犯罪行為遂行のための道具が犯罪的な使用のために使用されるか否か、およびどのように使用されるかは、予測できなくてもよい。いずれにせよ、人がそのような客体の自由な製造および自由な流通を許容しようとすれば、規範妥当のために必要な安全感が害されることになる。まさに使用の有無および方法が予測できないがゆえに、道具を製造しまたは調達する者が無害であるかもしれない可能性は、せいぜいのところ、何も起きないことの予防的な保証を提供することでしかない。なぜなら、それがいつかは犯罪に至るという蓋然性は、常に存在するからである。これに当たる例は、銃刀法の規定に違反する行為であるが、さらに通貨偽造ないし偽造通貨の収得および武装集団の形成（ドイツ刑法127条）のような遠い犯罪もこれに当たる。

規範妥当の規範的側面は認知的側面とは反対に任意に処分できるものではないので、自由主義的な国家でも、公けの統制に有利な私的領域への介入のためのその種のないし類似の根拠づけは、受け入れなければならない。もっとも、それを理由に抽象的危険犯を包括的に正当であるとみなしてはならない。

その限りで、詳細は棚上げにして、私は、この負責が行為原理と調和できるように限界づけることができるのか、という問いに向かう。その回答は、何が負責根拠かに左右される。不法は、ただ、抽象的危険のある態度だけであるから、犯罪化はたしかに市民にとって負担となる私事への介入であるが、しかし、内部的領域を外部的領域から分離するという原理は害されていない。なぜなら、このような制限をするなら、態度だけが犯罪化されるのであり、行為者の現実の計画を覗くことがもはや甘受され得ることはないからである。犯罪化される態度は、万人にとって、その時々の内部的連関とは無関係に、とりわけ計画連関とは無関係に、私的な生活形成の可能性としては排除される。この態度形態はそれ自体が攪乱的なのであり、その内部的脈絡のゆえにそうなのではないのである。

内部的脈絡からこのように距離を置かないと、危険な行為ではなくて、危険な行為者を、つまり敵を処罰することになる。たとえば、武装して集会に参加することの禁止は、集会に武器を携行していくことの一般的危険によって根拠づけることができる。なぜなら、たとえ武装した人物が善意であったとしても、自己または第三者の犯罪によって誰かが損害を被るかもしれないからである。集会法27条に規定されている比較的軽い刑罰は、このような抽象的危険はもはや問題でなくてよいことを認識させるものである。これに対して、いわゆる受動的武装の禁止は、受動的武装者に法違反の故意が推定される場合にだけ、意味のあるものとなる。しかし、将来の犯行を理由に処罰する者は、思想を不処罰のままにする根拠をもはや持たない。行為者によってまだ支配されている内部的組織化に介入するなら、まさに人から発するあらゆる危険のもっとも重要な源泉を前にして立ち止まることは、一貫しないことである。どちらか一方というのは、無内容な理論だけが媒介するものである。

たとえ故意が推定されるのではなく探知される場合でも、それどころか、通貨偽造の場合のようにそれ自体で明らかな場合でも、犯罪的不法を決定する際にそれを顧慮することは許されない。なぜなら、行為者は、抽象的に危険な態度を遂行すること以上の僭越はしていなかったからである。侵害連関はまだ生じていない。それにもかかわらず、侵害連関を理由に処罰することは、抽象的に危険な態度を契機として単なる犯罪計画を理由に処罰することである。つまり、抽象的に危険な態度は、あるかもしれない損害経過が予測できないことを理由にしてしか、処罰されてはならないのである。具体的な内部的脈絡においてそれを解釈するなら、行為者に説明義務のなかった私事に介入することになる。そのような介入を許すなら、早期化に関する限界はすべて崩壊し、あらゆる予備段階が犯罪化可能となってしまう。その場合、予備的態度のうちのいくらかが抽象的に危険でないことは、慰めにならない。なぜなら、計画連関における危険性は、抽象的危険性とは異なるものだからである。つまり、結果的には、抽象的危険は行為者の計画連関を認定する口実にしかなり得ず、その根拠にはなり得ないのである。

いくつかの例を挙げよう。文書の偽造は、行為者の故意を見なくても抽象的に十分危険である場合にだけ、処罰されてよい。たとえば通貨や有価証券の偽造について、また、白地手形や旅券書式の製造または収得についても、処罰は、個々の事例についてのみ、説得的となる。さらに、刑罰は、ただ抽象的危険犯のそれとしてでなければならない。現行法の（偽造と――訳者注）行使との同視は、偽造の抽象的危険のある僭越ではなく、行使の故意が処罰されていることを示している。私は、このような犯罪は故意それ自体が明白であることを理由として限界事例を構成するばかりでなく、むしろさらに、それが客観化された他人の仕事としての他人の名義ないし著作権の冒用のゆえに限界事例を構成することを、つまり、それによって精神化された類の組織化僭越であるがゆえにそうであることを容認する。それがもっと明らかになるのは、爆発物ないし放射性物質関係の犯罪の予備の場合である（ドイツ刑法311b条)。核燃料ないし爆発物を収得する者は、抽象的に危険な態度を実行するものであって、さらに何かを計画しているということが彼の内心にあるがゆえにそうなのではない。つまり、法律に規定されている計画連関の顧慮は、正しくないのである。航空交通への攻撃（ドイツ刑法316c条第3項）では、法律は、単なる思想を理由とする処罰を、よりひどい態様で偽装している。そこでは、銃器の調達が、行為者の攻撃意図を確定するための契機とされている。その批判のためには、窃盗の意図で梯子を買う行為（の処罰——訳者注）に反対したツァハリーエ[24]の主張を指摘すれば十分である。この種の犯罪では、それ自体としては内部的な態度をその危険性を理由として外部的なそれだと宣言する可能性が濫用されている。というのも、ここでは、その態度は、なかんずくその法定刑が示しているように、その一般的な危険性のゆえにではなく、その計画連関のゆえに非私事化されているからである。それは、他人の内心的な出来事に、すなわち計画連関に介入できるための契機を手に入れるために、非私事化される。そのようにして主体から私的領域を奪うことは、もはや市民刑法に属する事柄ではなく、敵味方刑法に属する事柄なのである。

8．私は、時間的な理由から、ドイツ刑法典中の問題のある規定をすべて扱うことはできないが、それは必要でもないことを希望する。というのも、早期化に対する私の批判の原理は、いたってシンプルだからである。すなわち、主体は、単なる思想にとどまる事柄を認定されてはならない、という一般に承認されている原理は、自由主義国家の刑法にとっては、狭すぎるのである。外部的な撹乱的態度がなければ、主体は彼の内部的出来事を認定されてはならない。この場合、内部的出来事とは、思想だけでなく、私的領域全体を含む。たしかに法律は、私的領域を抽象的に危険な態度にあわせて切り取ることはできるが、それは、彼の計画連関を見ないで行わなければならない。

24）脚注15参照。

II 「前倒しされた法益」の保護

1．私はこれで本テーマの総論部分を終え、第2部に入る。そこでは、一定の法益侵害の予備という性格では犯罪化を正当化できない態度が、前倒しされたまたは側防的な法益の侵害を理由とする犯罪化に値しないかという問題を簡単に取り扱う。換言すれば、犯罪的な態度が任意に法益侵害のはるか前の段階に移行できない場合に、ひょっとして、法益侵害それ自体を前倒しすることがあり得るということである。その際念頭にあるのは、法益攻撃を侵害から危殆化へと希薄化することではなくて、法益概念を解体することである。侵害段階での不法は、派生的な部分的不法に解体できるのであり、かつ、すべての部分的不法の完全な収集を放棄して不法をいくつかの早期に実現される不法の破片によって、さらにはただひとつの破片のみによって定義することもできる。これは、たとえば、脅迫（ドイツ刑法241条）での「法的平穏」の保護として[25]、また、法律が犯罪行為の予告[26]（ドイツ刑法126条1項）の際に「公共の平穏」と名付けるものによって行われている。犯罪行為の是認（ドイツ刑法140条2号）でも、「公共の平穏」が挙げられており、そこでは、通説によれば、是認された犯罪の類のような犯罪が繁栄する可能性のある「雰囲気」が醸し出されたときに侵害があるとされる[27]。なかでも雰囲気保護は、さらに民族扇動および暴力の賛美ならびに民族憎悪の扇動[28]（ドイツ刑法130条、131条）に対する規範の場合に、さらに、侵略戦争の扇動[29]（ドイツ刑法80a条）に対する規範の場合にも、重要となっている。犯罪行為の公然たる扇動[30]（ドイツ刑法111条）に対する規範では、――少なくとも他のも

---

25) *Stree*, NJW 1976, 1177, 1182; *Strum*, JZ 1976, 347, 351; さらなる証拠は、*Eser*, in: *Schönke/Schröder*, §241 Rdn. 2.

26) ここでは、すでに、すぐ後に挙げる雰囲気保護へと傾く解釈が見出される。

27) *Schönke/Schröder*, 13. Aufl. 1967, §140 Rdn. 1に続いて、このように述べるのは、BGHSt. 22, 282, 286. BGH NJW 1978, 58f. これは、今や圧倒的な通説である。その証拠は、*Hanack*, in: LK, §140 Rdn. 1.

28) BGHSt. 29, 26, 28（ドイツ刑法130条について）; *Dreher/Tröndle*, 42. Aufl. 1985, §130 Rdn. 2; *von Bubnoff*, in: LK, §131 Rdn. 2 i. V. m. §130 Rdn. 5; *Lenckner*, in: *Schönke/Schröder*, §130 Rdn. 5.

29) *Klug*, Festschrift für Jescheck, 1985, S. 583, 595.

30) *Dreher/Tröndle*, §111 Rdn. 1; *von Bubnoff*, in: LK, Rdn. 5; *Lackner*, 15. Aufl. 1983, §111 Anm. 1; *Eser*, in: *Schönke/Schröder*, §111 Rdn. 1.

のと並列して――「治安」が保護財とされており、そして最後に、公共の秩序ある状態および公共の安全のヴァリエーションにおける「公共の平穏」もまた、とりわけ犯罪およびテロ結社[31]（ドイツ刑法129条、129a条）に対する規範で、見出される。

単なる部分的不法しかない犯罪では、主要規範（侵害犯の規範）が違反されるのではなく、その任務が主要規範の妥当条件を保証することにある側防規範が違反される。側防規範の正当性を判断できるためには、規範の妥当条件に目を向けることが必要である。規範は、それが給付すべきものを給付しているときに妥当する。すなわち、予期の安定化を、である。そのためには、規範は、その潜在的な関係者に事前的に見て安定的だと認識できることが必要である。つまり、規範妥当は規範と潜在的な行為者、通常は単に規範の名宛人と呼ばれている人物との関係に尽きるのではなく、規範と潜在的な関係者との間の関係でもある。規範妥当は、多面的な関心事なのであって、その際、潜在的な関係者の地位は、ネガティヴに定式化された行為者ばかりでなく、固有のポジティヴな内容を、すなわち規範信頼を持つのである。

規範妥当は、潜在的な行為者の態度に依存しているばかりでなく、潜在的な関係者が予期しているものにも依存しているという言明を受け入れるのであれば、規範妥当は通常の理解における規範違反によって害される可能性があるばかりでなく、およそ関係者の規範信頼に対するあらゆる侵害によっても、これがどのような方法で行われるかに関わりなく、害され得るのである。

2．事物の本性によるなら、いくつかの側防規範、それも脅迫（ドイツ刑法241条）や犯罪行為の予告（ドイツ刑法126条）による公共の平穏の攪乱のような規範がまったく争いの余地のないものであることからわかるように、このことは一般的に承認されている。これらの規範は、以下のように根拠づけることができる。すなわち、規範信頼は、まず重要な財の保護に関しては、認知的な基礎なしでは不可能である。たとえば殺人の被害者として権利を有するという意識は、殺人がおそらくなされないという認識がなければ、生活計画の有効な基礎にならない。換言すれば、規範的な保証は、たしかに抗事実的に作用するが、それは遍在的なリスクよりも明らかに大きいリスクがない場合に限られる。リスクが平均よりも

31） BGH NJW 1966, 312; *Lenckner*, in: *Schönke/Schröder*, §129 Rdn. 2, それぞれの証拠を伴って。

劇的に大きくなるなら、規範的保証だけでは予期の安定はもたらされない。かくして、前述の脅迫や犯罪行為の予告という構成要件では、関係者から見て不法な態度はリスクを劇的に高めることに見出される。このような態度は、それが関係者に対する規範妥当を少なくとも困難にするがゆえに、不法なのである。つまり、ドイツ刑法126条が挙げている何か散漫な「公共の平穏」を具体化することは、全く困難ではないのである。すなわち、それは、関係者の側での、それぞれに問題となる規範の妥当なのである。このことは、「雰囲気」ないし同様に輪郭のぼやけた財の保護とは何の関係もない[32)]。

これらの犯罪では、行為者は、被害者と法益との関係形成を僭越するのではなく、被害者と主要規範との関係形成を僭越するのである。その種の不法は、先に総論で扱ったいくつかの、予備としての処罰は正当化できない予備の不法においても、その本質をなす。その限りではまだ外部的な攪乱がないために主要規範が破られていないときにも、側防規範の侵害はあり得る。それも、いずれにせよ行為者の計画が成功したなら、続いて外部的な攪乱が行われるであろうということを行為者が認識させるがゆえに、である。それは、行為者が彼の真のまたは仮象の予備を自ら公然化しているか、あるいは彼の私的領域に介入することなくそれが気づかれ得るように実行しているというケースなのである。かくして、行為者が、公益の代表者を自己の予備段階に引き込む場合には、すでに側防規範の侵害が存在する。たとえば、パリの大司教ないし人々の代表者（quivis ex populo）に対して、犯罪をする用意があると宣言する者は、なるほど、それによっては犯罪の可罰的な予備をしたことにはならないが、外部的な態度を通じて規範妥当の認知的な基礎を攻撃したのであり、それを理由に処罰されてよいのである。最後に、側防規範に関しては、当該国家に対しプライバシーの権利を持たない人物、たとえば外患のためのまたは情報機関の諜報活動（ドイツ刑法98条、99条）の場合がそれに当たるような、外国権力の代理人と陰謀をする者は、私事性を援用することはできない（もっとも、このことは、これらの犯罪の法定刑までは正当化しない）。

32）財の安全ではなくて法的安全が問題なので、法律は、正当にも、ドイツ刑法241条の脅迫でも126条の犯罪予告でも、違法な行為が迫っているという欺罔は把握するが、自然の大災害が迫っているという偽の警告は、それが潜在的被害者を、違法行為が迫っているという主張と同程度に不安に陥れるかもしれないとしても、把握しない。単なる財の安全もまた保護に値するかもしれないが、その攪乱は、側防規範が破られた限りでしか、前述の規定によって唯一保護される法的安定性の侵害にならないのである。

以上のことはすべて、本稿の理解によれば、現実の予備にも仮象の予備にも妥当するのであり、脅迫および犯罪の予告（ドイツ刑法241条、126条２項）の規制にも完全に対応する。

法的平穏攪乱という部分的不法、つまり、関係者の側での規範妥当の侵害によって、（不成功に終わった――訳者注）犯罪行為の公然たる扇動（ドイツ刑法111条２項）[33] に関する負責の非従属的部分も説明できる。扇動が失敗に終わった場合、組織化の僭越がないため予備不法は欠ける。しかし、それによっては、公然化したことを理由とする負責、つまり彼の態度の脅迫作用を理由とする負責は排除されない[34]。脅迫作用は、事例形態に応じて、民族の扇動（ドイツ刑法130条）ならびに民族憎悪のそそのかし（ドイツ刑法131条第２選択肢）ないし侵略戦争へのそそのかし（ドイツ刑法80a 条）も持ち得る。その限りで、雰囲気の保護ではなくて、認知的安全の保護が問題となっているのである[35]。

33） 犯罪行為の公然たる扇動については、――あらゆる心理的関与についてと同様に――関与者が、第三者によって（さらに）作動された犯罪的態度を彼に帰属することを可能にするような給付をなすことを要件とすべきである。関与者が表明したものの客観的意味が、その名宛人が犯罪的に振る舞うことに依存する場合が、これに当たる。つまり、劣位の地位にない人物に対する、その意味が、受け手がそこから何をなすのかが受け手の勝手に委ねられるような情報伝達に尽きる見解表明ないし指摘では、これが欠ける。たとえば、墓泥棒や万引き人、交通違反者、キセル乗車者などをぶちのめすべきだと、公然と言い立てる者は、彼がそれを、意見としてだけではなく、組織の綱領として表明する場合にだけ、犯罪行為の公然たる扇動を犯すことになる。*Jakobs,* Allg. Teil, 24/17参照。公然たる扇動の特別の危険とされるのは、公然たる扇動が見通すことのできないほどの行動を誘発することである。また一部では、これに加えて、扇動者が今後の成り行きに対する影響力を失うことも危険とされる。*von Bubnoff,* in: LK, §111 Rdn. 5に証拠付きで。最初に挙げた論拠は、規範の主たる名宛人の領域が、多かれ少なかれ愚直な観念のかたまりに染まっている人々である場合にしか、当てはまらないであろう。しかし、名宛人が本能的な才能のある扇動家であるかもしれない。影響喪失という論拠もまた、何も説明しない。大衆は、影響力のある扇動家と共にいるほうが危険であろうか。それとも、そのような者がいないほうが危険であろうか（刑法30条に対して述べた脚注19を見よ）。解決策は、これらの論拠と逆のものにある。すなわち、危険なのは、潜在的に存在する動機づけの用意に訴えかけることである。もっとも、それが可能となるのは、動機づけの用意を総括的に見通す場合だけである。また、動機づけの用意へのごく短い刺激よりも危険となるのは、常に、組織化が完成するまで続く影響付与である。しかし、危険な公然たる扇動でさえも、それだけでは、規範信頼の認知的基礎の攪乱にすぎない。「扇動」の解釈もまた、それに合わせてなされなければならない。それは、教唆での「決定づけ」のように狭く解釈されてはならないのである（被教唆者は、彼の犯行決意を教唆者のそれに依存させる。*Jakobs,* Allg. Teil, 22/22を見よ）。

34） ドイツ刑法111条２項による公然扇動の法定刑は、それゆえ、正当にも、主要規範の侵害に対する法定刑とは間接的にしか結び付けられていない（詳細は、*Dreher,* Festschrift für Gallas, 1973, S. 307ff.）。それがドイツ刑法126条の法定刑より重くなることは、正当化できないのである。

35） 脅迫作用は推定され得る。これは（その限りでも）抽象的危険を導く（前述のⅠ．７参照）。し

最後に――そして実務的な意味からは、それに加えて主要には――犯罪ないしテロ結社でのいくつかの共働が、法的平穏の攪乱によって把握され得る。それは、まずもって、結社によって表明され、かつ、脅迫や犯罪予告の構成要件では散漫にすぎて把握できない威迫に妥当する。たとえば、謀殺や略取誘拐、放火のどれに当たるかわからないようなテロ継続が告知される場合が、これに当たる。しかし、告知がなくても、（あらゆる類の団体の[36]、もっとも、単独犯の一連の犯行でもそうではあるが）結社の行動から、個々の行動が継続的な企ての一部であると理解されることが明白であることがある。なるほど、予測される企てもまた、たいてい、はっきりと特定はできないが、実行された犯行から例証されるその真摯性のゆえに、威迫効果は相当なものとなることもある[37]。このグループを支援する態度はどのようなものでも、同時に威迫の信用性を支えるものとなるのであるから、そのような場合には、結社を支援する行為の不法は、根拠を有することもある。

もっとも、その際問題となるのは、予備の不法ではなくて、唯一、法的平穏攪乱という部分的不法だけである。行為者は、実際には、規範妥当の認知的基礎形成を僭越しているのである。「公共の平穏」ないし「治安」その他の平穏がこのような法的平穏の同義語でない限りでは、そのような平穏に対する攻撃は、行為原理を侵害し行為者の私的領域を無視して、後で初めて外部的となる態度を理由に彼を処罰する場合にだけ、すなわち彼を敵と定義する場合にだけ、認定し得るのである。これが回避されるべきであるなら、ここで犯罪化された態度に対する刑罰は、ここでは、主要規範の侵害を理由とする早期化された刑罰ではなくて、側防規範の侵害を理由とする刑罰が問題となっているという状況に適したものでなければならない。実際、脅迫および犯罪行為の告知（ドイツ刑法241条、126条）の法定刑は、関与の未遂または犯罪ないしテロ結社の形成の法定刑の枠よりも低

かし、この推定は、将来の「雰囲気」に妥当してよいのではなく、認知的な安全の侵害にだけ妥当してよいのである。換言すれば、算入されるのは、規範の正当化に対する疑いではなく、財の安全に対する疑いである。

36) 団体によって実行される犯罪では、実行態様の危険性（団体での密貿易に関してこのように述べるのは BHGSt. 8, 206）を顧慮する可能性については、*Schild*, GA 1982, 55ff., 63f., 75f. を見よ。

37) 営業性および常習性についても、これらの要素が不法要素である限りで、同じことが妥当する。常習的な法不忠性の形成のような、責任要素としてのこれらの要素については、ここでは何も述べていない。営業性については、*Stratenwerth*, Festschrift für Schultz, 1977, S. 88ff., 105f. を見よ。

いように、である。

3．総じて見れば、法的平穏の保護は、ここで行われる中核部分での皆伐についてはさほど状況を変えるものでない予備の周辺で植林することのみを許可するものである。とりわけ法的平穏の攪乱という不法は、主要規範の侵害という不法との関係では、常に部分的不法でしかあり得ないのだから。自由主義国家の刑法においては当然のことであるこの所見は、雰囲気保護構成要件によっても除去できるものではない。もっとも、一見すると、雰囲気保護構成要件は、法的平穏保護のための構成要件の対応物であるかのように思える。なぜなら、ほぼ平均的な程度の認知的安全は、規範妥当の必要条件ではあるが十分条件ではないからである。加えて、規範が公の討論において受容されており、万人によって恒常的な疑問にさらされることがないこともまた、規範妥当に属する。ドラスティックに言えば、行為者が自己の行為について処罰されると同時に功労勲章で報われるとかあるいは私的な側面についてたくさんの贈り物を受けるという場合、その差引きはもはや、リアクションが全くない場合よりも多くなることはないであろう。私が雰囲気犯罪の代表例として扱いたいと思っている犯罪行為への報酬の支払いおよび是認（ドイツ刑法140条）の構成要件の必要性は、それゆえ、必然的に明らかになる。

しかし、再度見れば、脅迫や犯罪予告の構成要件では認知的安全の保護が報酬の支払いおよび是認の構成要件での保護と評価矛盾なく同視できるのは、表面的にすぎないことが明らかとなる。脅迫および扇動では、行為者は被害者に優越しており、かくしてこの犯行は成功する。現実の暴力ないしそれを見せかけることにより、暴力を受けない状態にある場合のように自己を合理的に方向づける可能性が、被害者にはなくなる。脅迫および犯罪予告は、現実の組織化僭越なのである。これに対して犯罪者に報酬を与えたりこれを是認したりする者は、なるほど、固有の不法を僭越しているが、しかし、他人の組織化を僭越してはいないのである。このような帰属可能な結果の欠如は、通常、以下のような命題によって覆い隠される。すなわち、犯罪者に報酬を与えたりこれを是認したりする者は、それに続く犯罪が頻発する可能性のあるような精神的「雰囲気」を作り出したという固有の犯行結果について責任を負わなければならないのであり[38]、そしてこの後

38）　脚注27および28参照。

続犯罪、つまり主要規範の違反は強制の権利を要求する、という命題である。このような雰囲気保護規範[39]の解釈は、根拠づけることの不可能な結果責任を彷彿させる。報酬の支払いと是認は、何者かがそれに何らかの影響を受けたとしても、それは事後的な結果にすぎない。というのも、ある場合がそれに当たるか否かは、原則として、つまり子供やその他の従属的な人物を別にすれば、強制手段は用いられないので、各人の勝手だからである。各人が、たとえば状況は、すべての人々が正しく行動するか、あるいは国外移住するか、はたまた自殺するかのいずれかしかないというような認識から、国外移住するか自殺するかしかないという結論を引き出すことは、原則として各人の勝手であるように、彼がある行為への報酬ないしそれの是認を信じないで爆弾製造を拒否するか、それともそれを信じて爆弾製造を始めるかは、各人の勝手である。実際、規範に関する公のコミュニケーションでは法的に推奨されることのみが認められるというような法的保証は、コミュニケーションを通行税（Oktroi）に変えてしまう。すなわち、その際に外部に出てこなければならないものが、それより前に認定され、異なる見解を持っていることを外部に認識させる者は、それだけで犯罪的振る舞いをしたことになってしまうのである。

報酬の支払いおよび是認の禁止は、法秩序を無視するぞと明言することを禁止するものである。そのような禁止は、法秩序が――相当な理由で、であれ不相当な理由で、であれ――現実に無視されるや否や、現実の表明を禁圧する[40]。無視の根拠が貧弱である場合――たとえば、『それはいかにして始まったか（Wie alles anfing）[41]』と題するパンフレットについての有名な刑事事件のような場合――その限りでは禁止は不要である。そのような態度は、その根拠に説得力があり、かつ、その説得力によって危険が高まる場合にだけ、危険なのである。説得力が増せば増すほど犯罪としての危険が高まるというのは、違和感のある結果で

39）　一部で主張されている、人々の中にある法的安全感の保護（*Hanack*, in: LK, § 140 Rdn. 1）は、雰囲気悪化をさらにその推測に薄めるものである。すなわち、犯罪行為者の見解から、法は破るべきものだという結論を引き出す他の人々がいると思っている人もいるということにすぎない（しかし、それは、犯罪行為者が主張しなかったことである。そうでなければ、ドイツ刑法111条が問題となるはずである）。

40）　*Grünwald*, in: *Lüderssen* u. a. (Hrsg.), Vom Nutzen und Nachteil der Sozialwissenschaft für das Strafrecht, Bd II, 1980, S. 489, 503f.; *Fetscher*, a. a. O., S. 506ff.; また、*Hassemer*, Festschrift für Wassermann, 1985, S. 325, 348f. も見よ。

41）　*M. Baumann*, Wie alles anfing; これについては、BGH NJW 1978, 58f. 参照。

ある。もっとも、このような結論は、ドイツ刑法140条の構成要件を超えて、その実行行為を、行われた犯罪にではなく、将来の犯行への関与と解すれば、その違和感を解消する。その場合には、——心理的関与一般と同じく——雪だるま式に影響を増す寄与は特別に強力な犯罪への寄与なのだということは、当たり前である。しかし、将来の犯罪に関連付けることは、それがそもそも行われるとしたら、ここで問題としている構成要件では、報酬を支払いまたは是認をする人の仕業ではなく、その名宛人が勝手に付け加えることなのである。構成要件によるなら、問題となるのは、ただ、行われた犯罪に対する行為者の態度決定だけである。行為者の表示の名宛人がこの脈絡を超えていくなら、それは、行為者がその名宛人を従属的な地位に置き、または、少なくとももうひとつの脈絡の選択に際して共働した場合にだけ、行為者の責任とされるべきである。もっとも、何者かが過去について語りながら、まばたきをして、将来を示唆していることを示す場合には、報酬の支払いおよび是認という構成要件は不要である。なぜなら、その場合には、すでに教唆か心理的幇助か、犯罪行為の公然の扇動（ドイツ刑法26条以下、111条）が、そのような態度を捕捉するからである[42]。つまり、報酬の支払いおよび是認という構成要件は、嫌疑罰の必要に依拠しているか、それとも、法益に敵対的な意見表明と法侵害との混同に依拠しているかのいずれかである。いずれにしても、自由主義的秩序における基盤を支えるものではない。

報酬の支払いおよび是認に対する規範が自由主義的な国家憲法と調和しないという上述の異議が、他の雰囲気犯罪全体にもそのまま妥当することについては、これ以上詳しい説明はいらないであろう。つまり民族扇動および暴力の賛美[43]ならびに人種的憎悪の扇動（ドイツ刑法130条、131条）と侵略戦争の挑発（ドイツ刑法80a 条）である。ただし、これらの犯罪が青少年保護に役立たないか、ある

---

42)　もっとも、そのためには、将来類似の方法で逸脱行為を行うことの扇動を超えるものが存在しなければならない。なぜなら、単なる扇動は、その客観的意味によるなら、刺激を与えるものではないからである。より正確には、先にドイツ刑法111条について述べた脚注33参照。

43)　注目に値するのは、立法に関与した者がどれぐらいの率直さで、暴力賛美に対する規範によって、単に法益保護を介して市民の価値的態度を操縦するばかりでなく、価値的態度の操縦を介して法益保護をさせようとしたのか、ということである。草案理由書（BT-Drucks. VI/3521 S. 6）では、しばしば、「個人をその発展過程で、彼が粗暴な行為態様や態度をとることから保護する目的」が語られている。その直後には、「成人」も想定されていることが明らかにされている。このような、刑法の強行突破による発展機会の保護が一般原則とされるのであれば、犯罪化のためのほとんど際限のないフィールドが開かれてしまう。

いは脅迫という不法を含んでいない限りで（それについては、前述のⅡ．2で、すでに述べた。）、あるいは、それが他の犯罪の単なる分離部分[44]でない限りで、であるが。そして、一部はそういう場合もあるのである。これらの異議は、暴力の示威と暴力の行使との間に正の相関関係が認められるか否かという問いへの回答とは無関係に妥当する。なぜなら、たとえ正相関があったとしても、そこからは、それが暴力を示威した人物に由来することまでは証明できないからである。それはちょうど、報酬の支払いおよび是認の説得力から、後の犯行が報酬の支払いおよび是認をした人物に由来することまでは証明できないのと同じである。

つまり、雰囲気犯罪の行為者は、その態度が社会的に有益とまではいえないとしても、それ自体としては、犯罪化された態度をする権利を有するのであれば、これらの犯罪を正当化するためには、ただひとつの道しか残されていない。すなわち、行為者に、迫りくる損害の重大性を理由に、特別な犠牲として、彼の権利行使の放棄を要求すること、つまり、それ以外には支配できない緊急状態に対処するための連帯的寄与を要求することである。これは、ちょうど、ドイツ刑法323c条にいう不救助の負責に相当する。その際、その（ドイツ刑法130条、131条、140条の）法定刑は、しかるべく引き下げられなければならない。もっとも、雰囲気犯罪のそのような根拠づけは、同時に、自由主義的秩序の破産宣告でもある。なぜなら、市民による暴力および犯罪行為の評価を原理的に選択肢なく規制する秩序は、もはや自由主義的ではないからである。不救助罪との比較から明らかになるのは――特別な犠牲という――給付態様のみであって、このような給付を要求することの正統化ではない。すなわち、不救助に対する規範は、ごくまれに必要となる緊急状態への適応を要求するが、これに対して雰囲気犯罪では、領域的に原則的な態度適用が問題となるのである。ゆえに、雰囲気保護の正当化は、危機の時代に関してしか、示せない。より正確に言えば、正統化をほぼ確実に再確

44）　ドイツ刑法80a条は、より広い民族憎悪の扇動変種として、111条および130条の領域に属する。ドイツ刑法130条は、（集団概念の明確性に関する要求を引き下げれば）同時に、集団に対する侮辱の特別類型でもある。*Giehring*, StrVert. 1985, 30ff. の否定的なコメントが付された OLG Koblenz, StrVert. 1985, 15ff. では、侮辱に類似した行為が問題となっている。その事案は、小教区の保母が、「兵士はみな、給与をもらう殺人者だ」という張り紙を付けた15歳の少年のコラージュを、他の同年の少年たちの作品とともに、少年のグループルームに貼り出したというものである。ドイツ刑法193条（正当な利益の擁護――訳者注）は、この特別類型にも妥当する。このような失敗した表現にすぐさま検閲がなされる場合、少年の教育はどのような結果を約束するのであろうか。

立するという目的のために自由の予防的な停止が甘受されなければならないような正統化の危機[45]の時代に関して、である。しかしながら、そのような場合であっても、その妥当期間を厳密に限られた規範しか必要ではない。かくして、ナチスの支配終焉後の最初の数年間なら、ナチス的な暴力犯罪是認の禁止は、正統化されてよかったであろう。

雰囲気犯罪に対するこのようなラディカルな批判に対しては、それは現代社会の安定化問題を見過ごすものである、という異論があり得るかもしれない。私は、現代社会もまた、諸価値を保証する必要があることを争うものではない。というのも、コミュニケーションすなわち社会は、そもそも、価値コンセンサスに基づいてしか成り立ち得ないからである[46]。私が疑うのは、その需要を刑罰でカバーすることが必要ないし賢明か、ということだけである。雰囲気犯罪が自由主義国家の刑法にふさわしくないことは、これに当てはまる行為態様が好ましいものであるとか社会的にニュートラルなものであるということを意味するものではなく、ただ、そのような行為は強制作用を持っておらず、ゆえにそれに対して刑法による強制で対応するべきでない、ということを意味するだけである。

Ⅲ　まとめ

1．ひょっとするとかなりオールドリベラルに聞こえるかもしれない、国家活動の限界を決める試みについての私の理念[47]の最後に、私は、市民刑法の反対物、すなわち敵味方刑法についてコメントしたいと思う。その際、私は、これまで述べてきたことを、そのほうが好都合であれば、国家はここに挙げた拘束に縛られるべきでないと勧告することによって相対化するつもりはない。自由主義国

45) *Scherer*, Gesetzgebung im Belagerungszustand, in: *Blankenburg* (Hrsg.), Polotik der inneren Sicherheit, 1980, S. 120ff. は、正当にも、「共感禁止」と「発言禁止」との関係を「正統化の危機」によって描写している。

46) *Luhmann*, Rechtssoziologie, Bd. I, 1972, S. 67, *ders.*, Grundwerte als Zivilreligion, Archo di Filsofia, Heft 2, 1978, 51ff., 68.

47) *W. von Humboldt*, Ideen zu einem Versuch, die Grenzen der Wirksamkeit des Staats zu bestimmen, 1972, とりわけ、Teile X（警察法）およびXIII（刑事法）。フンボルトの刑法最小限主義の部分の援用は、彼の一般的な国家最小限主義の受容を意味するものではない。

家にとってこれらの拘束は、その根幹をなすものである。それを解体する者は、自由主義国家を放棄するものである。つまり、敵味方刑法の存在は、自由主義国家の強さのしるしではなくて、その限度で自由主義国家が存在しないことのしるしなのである。もっとも、自由主義国家にとって放棄できない規範が、行為者がその私的領域から外に出てくるまで我慢して待っていると、その妥当力を失うという状況はあり得るし、ひょっとすると、現に存在しているかもしれない。しかし、そのような場合でも、敵味方刑法は例外的に妥当する緊急避難的刑法としてしか正当化できない。ゆえに、これに属する規定は、市民刑法から厳格に分離されなければならないのであり、外見的にも分けられることが最善である。かくして、接見禁止規定は、正当にも、ドイツ刑事訴訟法には組み込まれなかったように（それが裁判所構成法施行法に収められたことが正しかったか否かは、別の問題である。）、敵味方刑法も、体系的解釈ないし類推その他の方法によって市民刑法の中に浸透する危険がないように、市民刑法から明確に排除されなければならない。現在の形態でのドイツ刑法典は、少なからぬ箇所において、自由主義国家の限界踰越を隠ぺいしている。

2．本稿で述べたことを要約すると、以下のようになる。

A．総論（前段階態度の犯罪化）

a）法益保護が強力に推進されればされるほど、行為者は内部的領域をもたない敵として定義される（Ⅰ.3）。

b）「思想は刑罰の対象とならない」という命題は内部的領域を指し示したものであるが、しかし、それは感覚的・自然主義的な、ゆえに刑法にとっては偶然的な基準によって画されている（Ⅰ.3）。

c）内部的領域は、自由主義的秩序においては、行為者の市民としての地位に応じて定められなければならない。

d）外部的な態度や攪乱的な態度、すなわち他人の組織化を僭越する態度がない場合には、行為者の内部的脈絡、とりわけ主観的な態度側面を強制的に認定する根拠はない（行為原理）（Ⅰ.4, 5, 6）。

e）支配可能でないものは内部的なものでない（Ⅰ.6）。

f）抽象的危険犯の正統化のためには、(aa) その構成要件該当態度がそれ自体として支配不可能な危険性をもつものか（たとえば、酩酊運転）、それとも、

(bb) それ自体としてはまだ支配可能な将来の侵害の危険であるか（たとえば、偽造・変造を含む広義の文書偽造）が区別されるべきである（Ⅰ.7)。

g)　f）の bb）に挙げた分類に属する抽象的危険犯は、その態度の一般的な危険に着目される場合にだけ、行為原理と調和するのであり、その態度が置かれた特別な計画連関の危険に着目される場合は行為原理と矛盾する。

B.　各論（前倒しされた法益の侵害の犯罪化）

a)　規範の妥当は、きたるべき規範侵害の予告によっても害されることがある。そのような予告は、側防規範を侵害する（Ⅱ.1,2)。

b)　法親和的雰囲気を保護する規範の侵害は、他人の組織化の僭越ではない（Ⅱ.3)。

機能主義と「伝統的なヨーロッパ」の原則思考の狭間に立つ刑法

――あるいは、「伝統的なヨーロッパ」刑法との決別か？――

Das Strafrecht zwischen Funktionalismus und "alteuropäischem" Prinzipiendenken. Oder: Verabschiedung des "alteuropäischen" Strafrechts?

in: ZStW 107 (1995), S. 843-876.

目　次

Ⅰ　序　説

刑法上の機能主義は、本稿では、刑法は規範的アイデンティティーの保障、すなわち国制の保障、社会の保障に向けられる理論として概念づけられる。その際、社会は――デカルトにならって――ホッブズからカントにいたるまでの個人の意識に着目した哲学が考えたものとは異なって、契約を締結し、定言命法を産出し、または同様のことが拡大するような、諸々の主体から構成されうるシステムとは理解されない[1]。哲学史が教えるように、これらのことがテーマ化されてもかまわないし、しかも未解決となっている諸問題をしばらくの間、一つの概念へと導くことが可能であるにもかかわらずである。ところで、意識が固有の規則に従うように、コミュニケーションもそうである。それゆえに、主体志向的なアプローチと対をなすもの、つまり国家を一つの全体とする、共同体志向的、伝統的なヨーロッパ的・アリストテレス的な理論においても、少なくとも社会的基体がこのモデルにおいて定式化されるとしても、解決は試みられないのである。法システムについての推論を伴う社会システムと心的システムの相違に関する最も明確な説明は、通常は刑法とはかなりかけ離れるのではあるが、現在、ルーマンのシステム論の中に見られる[2]。もっとも、この理論について表面的にしか知らない者でも、そこでの叙述が、決して自らの理論に一貫して従っているわけではなく、それどころかそのあらゆる主要部分においてすらまったく理論に従っていないということに即座に気づくであろう[3]。

Ⅱ　基　礎

1　社会の一部としての刑法

機能（Funktion）とは、——単独で、あるいは他と共同して——システムを維持する働きのことである[4]。働きに関していえば、ここでは刑法全体の働きが問題となっていること、つまり、刑罰だけが問題となるわけではないことは明らかである。刑罰は、それだけを見れば、害悪に他ならないのであり、また行為（Tat）と刑罰の外観上の連続性に着目する場合、ヘーゲルの有名な言葉によれば、二つの害悪の非理性的な連続であるということは明らかである[5]。規範と矛盾す

＊本稿（Ⅱ．2、Ⅲ．2c、Ⅳ．2－4以外）は、1995年5月のロストックにおける刑法学者大会での報告を再現したものである。

1）それについては、*Luhmann*, Gesellschaftsstruktur und Semantik, Bd. 2, 1993, 195 ff. 235 ff. (erstmals 1981). 間主観性については、*ders.*, Soziologische Aufklärung, Bd. 6, 1995, S. 169 ff., 174 f., 181 f.

2）最近のものとして、Das Recht der Gesellschaft, 1993.

3）とりわけ、後述するII. 3. BおよびVIを見よ。

4）*Luhmann*, in: Ritter u. a. (Hrsg.), Historisches Wörterbuch der Philosophie, Bd. 2, 1972), Funktion IV:「社会システムの維持に依拠する観点の下にある働き」

る主張としての犯罪と、規範確証的な応答としての刑罰に関するコミュニケーション的理解においてはじめて、不可避的な（unumgehbar）、しかもその意味で理性的な連関が示されるであろうし、このことは、本稿で論じられる諸条件の下で示されるであろう。

刑法の働きは、社会のアイデンティティーを規定している規範に異議を唱えることに対して、刑法の側で異議を唱えるという点に存する。つまり、刑法は、社会のアイデンティティーを確証するものなのである。犯罪行為は、進化のはじまりと見なされるわけでも、認知的に処理されるべき帰結と見なされるわけでもなく、瑕疵あるコミュニケーションとして受け止められる。その際、その瑕疵は、行為者が負うべき責任（Verschulden）として帰属される。換言すれば、社会は規範を堅持しており、また新たに自らを概念化しなおすことを拒絶しているのである。かかる理解においては、刑罰は、社会的アイデンティティーを維持する手段であるのみならず、既にこれを維持することそのものである。確かに、このような理解においては、様々な種類の社会心理的ないし個人心理的な効果、例えば法に対する信頼の維持、あるいは強化に対する期待が刑罰と結びつけられるかもしれない。しかしながら、刑罰は、既にそのような効果とは関係のないもの、すなわち自己確認（Selbstvergewisserung）を意味するものなのである。

それゆえ、積極的一般予防について経験的に考察することは[6)]、常に少々場違いなものであるという印象を受けざるを得ない。このような考察は、周辺領域、すなわち個人心理的ないし社会心理的帰結に関係するが、理論の中核には関係しない。すなわち、およそ規範侵害を理由に真摯に手続きが行われる場合、刑法は、コミュニケーション的なレベルで攪乱された規範の妥当をまさしく絶えることなく再確立するのであり、また同時にこのことは、それによって社会の不変的なアイデンティティーが示されることを意味する。このような出来事では、犯罪、手続き、そして両者の関連しか経験的に把握することができない。特に経験的に把握不可能であるのは、アイデンティティーの確証である[7)]。なぜなら、これは、

5） *Hegel*, Grundlinien der Philosophie des Rechts（1821）, Ausgabe *Glockner*, Bd. 7, Neuderuck 1952 §99 Anmerkung.

6） *Dölling*, ZStW 102（1990）, S. 1, 9 ff. mit Nachweisen; 最近のものとして、*Baurmann*, GA 1994, 368;「明らかでない（non liquet）」の状況については、*Kuhlen*, GA 1994, 347, 365 f.

7） 適切であるのは、*Prittwitz*, Strafrecht und Risiko, 1993, S. 228であり、「明らかな予防よりも……象徴的な保証」と述べている。主張（Rede）と反論（Widerrede）が理解されるかどうかは、

手続きの結果ではなく、その意義だからである。

ところで、法システムの自己充足性と、「社会システムのどのような問題が特殊な法規範の分化によって、そして最終的には特別な法システムによって解決されるか」は、別の問題である[8]。それでも機能主義は、社会システムの問題が解決されるべきであることを主張し、またこれは、二つの相矛盾することがら（Anstößigkeit）を、一つは、純粋理論的な正義論を背景に、そしてもう一つは社会システムのみに機能的に関連することを理由に基礎づける。このことをより分かりやすくするため、私は次のことを付言しておきたい。すなわち、偶然の結果とは異なるものが産出されるべきであるとすれば、法システム外在的な働きは、法的ルールを展開するに際して、つまり解釈学的な作業に際して、法システムに内在する形であらかじめ述べられていなければならない。客観的帰属から規範的責任概念に至るまで、また規範の不認識の場合の負責阻却から先行行為による負責の根拠づけの可能性に至るまでの近代刑法の特筆すべきあらゆる解釈学的制度は、法的規範性の機能を考慮することなしに純粋法システム内部的な視座では展開され得なかったであろうが、だからと言って、このような考慮が常に自覚的に行われていると主張するわけではない――むしろ機能的であることは「正当である」と示されてきたかもしれない。客観的に帰属可能な態度を規定することに関していえば、以下のことが明らかとなる。すなわち、もっぱら内在的な視座が教示するのは、構成要件の実現と社会的相当性が内在的理論に反して排除しあうことはないということである。衝突の止揚のためには、包括的な観点が明らかに必要である。さらなる明確化のためには、先行行為についての言葉で十分かもしれない。すなわち、外在的な視座なしには、解釈論は――同じく常に定式化されたように――有意的な作為との類似性という基準を克服することはできなかったし、今も出来ないのである。しかしながら、作為に対する負責の機能が認識される場合、換言すれば、自由に行動する余地があるにもかかわらず予期の安定性を保証するという機能が認識される場合、不作為については、結果回避義務が特別な危険の利用と対をなすという洞察が導かれるのである。

原則的に事後的に検証可能なことである（231頁）。しかしながら、同じく事後的に検証可能である将来の動機形成（法に対する信頼か、そうでないか）は、単に理論の周辺領域をなすにすぎない。*Baratta*, Festschrift für Arthur Kaufnamm, 1993, S. 393, 412も見よ。

8） *Luhmann*, Das Recht der Gesellschaft, 1993, S. 124.

ここで外在的と特徴づけられた見解を取り込む際には――既に述べられた例が教えるように――およそ、聞いたことがないような革新は問題とならない。むしろ、最初はなじみのない観点において示されるものが外在的であるように思われているのである。これについては、最後の例として、次のようなものが挙げられる。すなわち、目的的行為論に対してすら――異論として考えれば適切ながらも、そのようなことを述べたわけではないのだが――目的的行為論は、哲学的・人間中心主義的な観点およびこの意味で外在的な観点に依拠していると述べられたのである。

事情はどうであれ、刑法による社会問題の解決は、いずれにせよ社会の部分システムとしての法システムを通じて行われるのである、換言すれば、その解決は社会内部で行われるのである。それゆえに、社会と刑法を引き離すことは不可能である。逆説的には社会の他の部分からある程度確実に推察され得るように、刑法は、社会のきわめて訴求力の大きい名刺（Visitenkarte）であることを意味する。例えば、最高刑が科せられるのは魔法に対してなるのか、それとも総統についての冗談を言うこと（Führerwitz）に対してなのか、あるいは謀殺に対してなのかということが、両者、つまり刑法と社会を特徴づけるのである。

これによれば、社会と刑法は相互に依存し合うものである。すなわち、法システムの複雑性が社会システムに適合するに至るまで、刑法は、新たな社会問題に対して、その克服のために努力するよう要請されるということがありうる[9)]。逆に刑法は、社会に対して、処分することができない、現に妥当している格率

9）*Luhmann*（Anm. 8), S. 225. このことは、このような漠然とした形ですら争われている。むしろ、刑法を――社会の状態とは関係なしに――「故意で、不法の意識をもって行われた身体、生命および自由に対する暴力的な攻撃」に限定することが試みられている（*Naucke*, Die Wechselwirkung zwischen Strafziel und Verbrechenbegriff, 1985, S. 35.)。加えて、「現代化に関する問題に対しては、法的には、法を現代化することによって対応すること」、つまり刑法の下に「介入法（Interventionsrecht）」を展開することが提言されている（*Hassemer*, Produktverantwortung im modernen Strafrecht, 1994, S. 23.)。前者の提言に対しては、かかる提言が財に固執していること、とりわけインフラへと組み込むことなく財に固執していることを理由に反論することができ（「国家が生命、身体、自由および所有権に対する故意による暴力的な攻撃を別異に取扱うことへの期待」に再定式化することもまた［*Kargl*, Die Funktion des Strafrechts in rechtstheoretischer Sicht, 1995, S. 42 f.］、かかる期待についてのインフラの必要性を、とりわけその認知的な基礎づけの必要性を等閑視している［*Kargl*, a. a. O., S. 35 mit Fn. 108］）。また、後者に対しては少なくとも、――ハッセマーが挙げた例である――製造物責任を度外視した中核財に対する侵害に関していえば、それが心理主義であること（後述 III. 1, 2c を見よ）を理由に反論することができる。製造物責任については、少なくとも――ハッセマーの研究において主として取り扱われていた――

(Maximen) として考慮することを促してもよいのである。しかしながら、このことは、そのつど、進歩を継続する条件と一致していなければならない。両者、つまり社会システムと法システムは、自らの本性を変えることはできない。つまり、刑法を単なる侍女へと貶めることが問題となっているわけでもなければ——刑法は社会の部分であり、また比喩的にいえば、それ自体明るい照明のもとで見映えするものでありつづけなければならない——、刑法を梃子にして社会を発展させることができるわけでもない。——社会の形態、もちろん発展力を有した形態を保持するために、刑法がもはや何も寄与しなくなった途端、梃子をうまくあてがうことができる支点がもはやそこには存在しないことになってしまうのである。

2 規範保護

なぜ刑法が行う規範的アイデンティティーの確証が、社会システムの問題を解決するのであろうか。その理由は、社会の構成が——人格の構成、また主体の構成とすら異なることなく——規範を通じて行われるという点に存する[10]。以下、

BGHSt. 37, 106に関していえば、ようやく確立されたリベラルな不法論および責任論の立場を維持することを不可能にするような、法治国家刑法に対する根本的に新たな異議は存しない（その点に疑念を抱くものとして、*Lüderssen*, in: *ders.*, Abschaffen des Strafens?, 1995, S. 7 ff., 11.)。すなわち、(a) 確かに、連邦通常裁判所が適法な態度と先行行為による義務を結びつけながら、違法な態度について論じていることは、引用されている判決の欠陥である（この点については、*Hassemer*, a. a. O., S. 50 ff.; *Kuhlen*, NStZ 1990, S. 138 f.; *Hilgendorf*, Strafrechtliche Produzentenhaftung in der „Risikogesellschaft", 1993, S. 138 f.)。もっとも、実際には、製造物で満ち溢れたものとして自己を理解する社会は、事前的に見れば出荷が許された危険を超えていないような製造物であったとしても、新たな製造物を特別な危険として定義しなければならない。(b) 因果関係の問題に関していえば（*Hassemer*, a. a. O., S. 38 ff.)、—— *Hassemer*, a. a. O., S. 42, *Samson*, StV 1991, 182, 183; *Puppe*, JR 1992, 30, 31に反して——「重要な作用要因が完全かつ確実に認識されているわけではない場合」、「外的な作用要因」は、「確実には、……排除」されえないという事情は変わらない（*Hassemer*, a. a. O.)。多くの薬物において、何らかの成分が一定の効果をもたらすことは知られているが、どの成分がそうであるのかは知られていないということは、薬学に限った話ではない（この点については、*Hilgendorf*, a. a. O., S. 121 ff. も見よ)。当該決定において、データが認識にとって十分であったか否かは別の問題である。しかしながら、たとえこの場合に——下手をすると、多数の被害者が出るかもしれないことから——公衆を不安に陥れるような決定を回避しようとする誘惑がいかに大きいものになろうとも、そのことは、製造物責任の根本的な問題ではない。(c) 決定集団の構成員に対する帰属に関しては、*Jakobs*, Festschrift für Miyazawa, 1995, S. 419を見よ。さらに、*Röh*, Die kausale Erklärung überbedingter Erfolge im Strafrecht, 1995, S. 145 ff. も見よ。

10) このことは、「形式主義」と批判されるか（*Hirsch*, ZStW 106 [1994], S. 746, 753)、あるいは「決定による補充」が指摘された（*Schünemann*, GA 1995, 201, 221)。また、提言された構想は、

このことをごく簡潔に描写する。

社会は、コミュニケーション連関の構成物であるが、これは現実に形成されているものとは別様に形成されることがありうるものである（そうでなければ、構成物ではない）。形成が問題となっているのであって、状態の固定が問題となっているわけではないため、社会のアイデンティティーは、形成のルール、つまり規範を通じて規定されるのであって、状態あるいは財を通じて規定されるわけではない（もっとも、領域によっては、規範の反射から、例えば財から規範それ自体を利用可能な形で逆推論することができるかもしれない）。コミュニケーション連関は、逸脱した企てが進化の始まりとして受け止められるべきではない場合[11]、かかる企てに対抗して自らの形態を主張することができ、またこのような場合においてさえも進化の条件が保証されなければならない。なぜなら、そうでなければ進化は、もはや恣意とは区別され得なくなってしまうからである。

問題となっている諸規範の一部は、その内部では、近代おいて一般に接続可能なコミュニケーションが行われている合理的な世界を形成しており、また特別な安定化を必要としない[12]。このような諸規範の部分は、認知的には十分に保証されている。そのことを受け入れない者は、何かしらの部分社会においては理解されるかもしれないが、しかし、そこだけである。例えば、自然科学的にある程度整合的な世界像に従って生活を行わない者は、西洋型の近代社会においては、即

それが具体的な社会においてしか適用することができない限りで非難されている。しかしながら、このことは、このような抽象的なレベルにある全ての構想に対して妥当する。例えば、刑法は法益を保護するものであると言われる。——これは、具体的な社会において何が法益であるかを確定しない限り、「形式主義」である。極端にいえば、法は最も神聖なもの、つまり「今日、そして永遠に、深くそしてより深く感じられる霊魂を常にただ一つのものにする」（*Goethe*, Xenien, Hamburger Ausgabe, Bd. 1, 5. Aufl. 1960, S. 227 Nr. 136）ものを保護しなければならないとされる。また、何を一つにするのであろうか。確かに、ここでのアプローチは、当該規範について、強い意味における法規範であることを保障していない。つまり、このアプローチでは、むしろ規範性一般の概念が問題なのである。謀殺者が、「単に表面的に、刑法211条の規範に対して反抗したことを理由に処罰されるのではなく、人間の生命を否定したことを理由に処罰される」（*Hirsch*, a. a. O.）とするさらなる批判は、「人間の生命の否定」がそれ自体純然たる自然現象であることを明らかに看過している。——絶えず基礎づけられているように——規範が、心的および物的なシステムである「人間」を、理由なく殺されてはならない人間にするのである。

11）*Günther*, KJ 1994, 135, 146. 今日では——ほとんど？——全ての道徳的規範が偶発的である、少なくとも基礎的な刑法規範よりも偶発的であるので、「悪い」と行為者を評価することが刑法に代わる手段をカバーするということは、疑わしいかもしれない。

12）以下に述べる文章については、*Jakobs*, ZStW 101 (1989), S. 516; *ders.*, Das Schuldprinzip, 1993, S. 8 ff., 12 ff., 23 ff. さらに、*Meder*, Schuld, Zufall, Risiko, 1993, S. 121 ff., 127 ff. も見よ。

座に、有利とみなされるあらゆる機会を喪失する。静力学に反した家はたやすく崩壊してしまうのであり、また雨乞いを申し出る者は、せいぜいのところ近代社会の周縁で〔訳者補記：社会との〕接続を見出すにすぎないのである。

社会を構成する諸規範の他の部分は、そのような自己安定化のための先天的な力を欠いている。すなわち、社会の理解によれば、所与のものとしては示されえないような、つまり自然法則としてではなく、さらには今日もはや啓示された律法としてではなく、たとえ十分な根拠に基づいて作られていたとしても、作られた規範としてしか示されないような全ての規範がそうなのである。前者の態様の諸規範は、それらに立ち入ることのできる者にとっては強制的な行為の基礎をなす――それらに立ち入らない者は社会的な能力をもたない――のに対して、後者の態様の規範は、少なくとも個別事例においては主体によって自由に処分されうる。極端な事例で言えば、いかなる者も、家の建築を２階から始めることを真剣に意欲することはできないのである。しかしながら、建築法が禁止するところで建築を行おうと意欲することは十分に可能であるし、それどころか完成させることすら可能である。このことは、以下のような公式に帰することができる。すなわち、瑕疵ある認識に基づく瑕疵ある意思は無能力を露わにし、また多かれ少なかれ自然的罰（poena naturalis）を伴うことになるが、これに対して個々の意思の瑕疵は、それ自体不利益を伴う態度結果を懸念させるものではないのである。

まさに、このように規範の明らかな偶然性ゆえに、つまり――不適切な表現かもしれないが（sit venia verbo）――法規範、さらには道徳規範では正しい意思を証明しえないがゆえに、規範の妥当は、他の方法によって保証されなければならない。すなわち、制裁によって、つまり刑法規範では方式に適った手続の中で科された刑罰によって保証されなければならない。自然法の終焉以降、刑罰はもはや理性に反する者ではなく、従わない者に対して行われている。制裁は、規範違反者の世界投企を妨げるものである。すなわち、規範違反者は、問題となっている事例について規範が妥当しないことを主張するのであるが、制裁は、かかる主張が標準とはならないことを確証するのである。

3　主体性対社会性

a)　媒介された主体性

さて、機能主義に対して広く行き渡っている異論は、以下のようなものである。

すなわち、社会は安定化されるべきであって、自由な主体がそこで語られる余地はないという[13]。規範は安定化されるべきであるが、ここで問題となっているのは、自由を可能にする規範なのか、それとも恐怖に陥れる規範なのか分からないというのである。第一の批判について言えば、かかる批判は半分だけ正しい。すなわち、法システムを分出した（ausdiffenzieren）社会システムのアイデンティティーの維持が問題となっているのである。しかしながら、自由な主体が消失してしまっているというもう半分の批判は的外れである。すなわち、自由な主体は、まさしくコミュニケーション的に媒介される、つまり社会の自己記述が規定する限りで現在しているのである。換言すれば、そのような媒介が存在しない場合には、それは主体ではなくなるのである。しかしながら、主体は、コミュニケ—ションの中心的な対象にもなりうる。しかも主体は、その他のこと全てを支配する。それゆえ、このアプローチは、その限りで何かを排除するものではなく、中立的である。

これに対しては、あたかも社会のおかげで生きているかのような自由な主体はあまりにも貧弱であると改めて批判される。主体は、派生的に基礎づけられてはならないのであり、また刑法という企てにおいてはスタートとゴールを形成しなければならない、つまり必然的に主題とならなければならないと。

このような反論を経験的に理解しようとする場合、それは明らかに不整合なものになるであろう。共同体主義的な討議が何かをもたらしたとすれば、それは、主体性は現実には常に社会性の中で形成されるのであって[14]、カスパー・ハウザー〔訳者補記：カスパー・ハウザーは、1828年にニュルンベルクにおいて保護された、当時16歳の孤児である。出生から保護に至るまでの経緯については諸説あるが、彼は長期にわたり地下の牢獄に閉じ込められていたとされ、その生い立ちから野生児に分類されることが多い。〕の場合にはそうではないという洞察である。また、かかる洞察は、適切にも「比較的初歩的なもの」であると述べられた[15]。例えば、ミードにおいて、すでにそれについての詳細な研究が見られる

13）*Albrecht*, StV 1994, 265, 266; *Stübinger*, KJ 1993, 33, 34 f.: 自らの側では「正当化」されない「システムの維持への寄与」が問題となっているとされる。; *Kahlo*, Das Problem des Pflichtwidrigkeitszusammenhanges bei den unechten Unterlassungsdelikten, 1990, S. 206: 個人は、「より大きな機能的連関の中にある歯車に貶められる」という。適切にも機能主義概念の侮蔑的な適用に反対するものとして、*Hilgendorf* (Anm. 9), S. 45 ff.

14）詳しくは、*Forst*, Kontexte der Gerechtgkeit, 1994, S. 20 ff.

し[16]、またそれどころかすでにルソーにおいてみられるのである。第二のディスクール（Discours）において[17]ルソーは、偶然、相互に道具的に利用し合うという貧弱な形式においてのみ社会が現れるところの原始状態について述べている。そして、そのように振舞っている人間（ルソーは、森に棲んでいる野蛮な存在として人間を描写している）は、アイデンティティーを持たないのであり、つまり自己関係、それどころか自由な自己関係を可能にする状態からかけ離れている。主体性は、社会を媒介にして生じるものなのである[18]。

きわめて初歩的なことだが、経験的所見は、「自由主義」対「集団主義」という意味で主体性の構成条件と社会性の構成条件を対立させることは誤りであるということを教える。機能している社会がなければ、主体性についての経験的条件は存在しないのである。強調しておくと、逆のことは問題ではないのである。というのも、機能している社会とは、主体が自らの権利を認められているような社会であると主張されているわけではなく、機能している社会がなければ、個々人を結びつける共通項を欠くがゆえに客観的な世界を知らず、そしてそれゆえに個々人自身の感情の枠を超えることすらできないような、人間である個々人の偶然的な集積以外に何も存在しないということが強く主張されているにすぎないからである。

それゆえ、例えば、手続きに適ったリアクションなくして社会は逸脱行為に対処できるか否かを研究し、そしてそれがないとそれが不可能になる条件の総体を「責任」と呼ぶ者は[19]、そのことによって、例えば自由の精神を侵すわけではな

15）*Seelmann*, Rechtsphilosohie, 1994, S. 190.

16）*Mead*, Geist, Identität und Gesellschaft, 3. Aufl. 1978（Mind, Self and Society, 1934）, S. 177 ff; それについては、*E. Düsing*, Intersubjektivität und Selbstbewußtsein, 1986, S. 41 ff.

17）Discours sur l'origine et les fondements de l'inégalité parmi les hommes, 1755. 引用は、*Weigend*（Hrsg.）, *Rosseau*, Schriften zur Kuturkritik, 1971, S. 143 ff. による。

18）ホッブズも、人間が土から芽生えるキノコのように勢いよく育つという自らの仮説が発見的であることを認識している。*De Cive*（Opera Philosophica quae Latine scripsit, hrsg. Von Molesworth, Bd. 2, Neudruck 1961）, S. 249（8. Kapitel）. さもなければ、精神の戦い――恐らく自己意識を持つ主体の戦い――は、どのようにして苛烈なものたりうるのだろうか（a. a. O　S. 163［1. Kapitel］）。国家形成に先行する社会化の意義については、例えば、*ders.*, Behemoth（Englisch Works, hrsg. Von *Molesworth*, Bd. 6, Neudruck 1962）, S. 227（自らの父に対する死刑の執行について）を見よ。

19）このために挙げられた事例に関していえば、おそらく情動行為者（Triebtäter）の刑の減軽（Dekulpation）と医学的な治療可能性の相関関係（*Jakobs*, Schuld und Prävention, 1976, S. 11）が最も大きなつまづきのもとを作った（最近の文献として、*Stratenwerth*, Die Zukunft des

く、もちろんリベラルではない社会をも安定させるかもしれないが、しかし同様にリベラルな社会が放棄し得ないものを定式化しているのである。皇帝のものを皇帝に返さない者は、すでに現世で神に奉仕し得るために必要となる条件を台無しにしている。他に何をやろうとも、それは狂信である。コミュニケーション的な手続なくして、自由な主体は存在しないのである。

もっとも、このような社会性における主体の経験的基礎づけを参照することで、主体性と社会性についての存在論的な問題が回答されるわけではない。本稿でも、この問題に回答することはできない。私には、アリストテレスからヘーゲルに至るまでの流れを現実のものにしようと試みることしかできない。この流れは、通常、「伝統的なヨーロッパ」と名づけられた諸々の立場を結びつける。共同体において生活を送ることができない、あるいは共同体を必要としない者は動物であるか神であるかのいずれかであるという厳しい言葉は[20]、今なお真実の一面を表している。一般に自らを主体として他のものと一線を画し、また主体として理解できるようになるためには、主体は、何らかの形で社会と関わり合わなければならないのである。なぜなら、孤立した主体は、他の孤立したものと同様にほとんど想定できないからである。比較可能なものを背景にすることでのみ、輪郭は浮かび上がるのである。より正確にいえば、コミュニケーション的な意味を背景とすることでのみ、主体的な意味は現れるのである。その際、何かしら完成された

---

strafrechtlichen Schuldprinzips, 1977, S. 32; 直近の文献として、*Papageorgiou*, Schaden und Strafe, 1994, S. 75)。社会的に絶対的な責任の基準が存在するとされる場合、判断されるべき人格は（その者をはじめて人格にする）社会的な脈絡から引き離されてしまうため、誤解を招いてしまう。しかしながら、犯罪行為は、紛うことなく社会的なコンフリクトなのである。これに関して、犯罪行為が生じる具体的な社会に着目しないのであれば、拘束力を持たない解決しか行いえないことになってしまう。あらゆる行為について「情動に関する動的連関へのますます多くの洞察」(*Stratenwerth*, a. a. O., S. 33) を得ることができるが、そのことから、通常、およそ自らの自由領域を自ら管理するという人格の管轄とは異なるものが明らかになるわけではない。社会に対する洞察が、帰属によるのとは異なる形でコンフリクトを処理する可能性を開く場合にはじめて（その際、ありふれたものに根ざした動機の場合には、事故として説明することが排除され、また去勢および長期の保安監置は、極端な事例に限って考慮される。後者について区別しないものとして、*Stratenwerth*, a. a. O., S. 32)、それは責任概念を変更するのである。付言すれば、このような機能化だけが責任をこれと等価なものに置き換えることを許容するのであり、そのことは看過されるべきではない。

20) *Aristoteles*, Politik, 1253 a（*Rolfes* und *Bien*, 4. Aufl. 1981, S. 5の版に基づいて引用を行った); *Hegel*, Über der wissenschaftlichen Behandlungsarten des Naturrechts, Ausgabe *Glockner*, Bd. 1, 1958, S. 510 f.

ものとして社会が主体の上位に置かれるということが問題となるわけではない。逆のこともまた不可能であるにすぎない。異なる形で定式化するならば、主体性とは、社会が存在するための前提であるだけでなく、社会が存在することの帰結でもある[21]。拘束的な客観的世界なくして主体は存在しないし、またその逆も然りなのである。

しかしながら、上で素描した見解は、拘束的な客観的世界として何かしらの社会関係を容認することでさらに簡単なものになる。部分社会において、よく知られている多元主義的な考え方が、そのような態度をとっている。つまり、共同体を私的なものとして理解しているのである。それによって、そこで社会化された者は個別的な者、つまり馴染みがあることに基づく寛容さをもって他の私人と交流する私人となるのである。すなわち、「打ち明けること（Outing）」は相互の気晴らし（Divertissement）になるのであり、また「私がありのままであること」が社会化の行き着く先なのである。アリストテレス的にいえば、動物および神々の集団の形成について述べていることになろう。というのも、アリストテレスにおける共同体とは、公的なもの、つまり国家だからである。国家は、ヘーゲルが試みたものとは異なり[22]、今日もはや主体にとって神聖なものと把握することはできないが、このことは、市民社会のあり方に基づく正当性（Rechtlichkeit）の原理に対する説得的な別の選択肢があるという意味ではない。また、主体は、このような認識へと進まなければならない。さもなければ、正当性は、主体にとって単なる強制にすぎないことになってしまう。つまり、主体は動物になるか、とるに足らない存在であるか、あるいは神として振舞うことになってしまうのである。公共的共同体の原理を基礎づけることができない者は公共においては主体ですらなく、また空想上の原理しか知らない者は、空想を超えたところでは同じく主体ですらないのである。

それゆえ、機能主義的な刑法は純粋に主体に敵対するものであるという異論は、

21）ルーマンは、道徳の帰結としての自由について論じている（Gesellschaftsstruktur und Semantik, Bd. 3, 1993［erstmals 1989］, S. 439）; それについては、*Navas*, in: Hruschka（Hrsg.）, Jahrbuch für Recht und Ethik, Bd. 1, 1993, S. 293, 296. しかしながら、道徳は、「自由」をあらかじめ想定しておくことをも前提としている（〔訳者補記：ここでいう「自由」とは〕自己管理権の意味であって、非決定性の意味ではない; *Jakobs*, Schuldprinzip［Anm. 12］, S. 34）; それゆえ、かかる命題は正しいと同時に可逆的である。

22）Rechtsphilosophie（Anm. 5）, §258.

社会性、さらには法的に把握された社会性と主体性の経験的な関係とも、理論的な関係とも合致しないどころか、むしろかかる非難は、主体を「抽象的に」把握しているため、その現実性を何ら語っていないのである[23)]。かかる批判は、多くの場合、それどころか何人かの論者においてはまったく明らかに、集団主義的もしくは完璧に全体主義的に方向づけられた社会モデルと社会機能主義的な見地とをひどく混同していることに起因するものであろう[24)]。しかしながら、機能主義的な見地は、特定のモデルに拘束されるわけではない。機能的に方向づけられたリベラルな社会は存在するのであり、直近の歴史が教えるように、機能不全した形で方向づけられた集団主義的な社会は破滅するのである。社会が機能的に組織化されるということしか知らない者は、社会の具体的な形態について何も知らない。つまり、接続可能なコミュニケーションの内容について何も知らないのである。――このことを確かめるためには――歴史によって提供される、めまいがするほどの多様なテーマを想起されたい。しかしながら、かの者は、この社会が、侵害された重要なものが再びバランスを取り戻すような方法で、犯罪行為のような日常的に発生するコンフリクトを処理するための制度（instrumentarium）を有しており、かつ利用しているということを知っている。機能的見地においては、このような自己保存力だけが重要である。もっとも、システムはこのような力を放棄することはできない。すなわち、民事的な措置へと大きく後退することを強いるような「公的な刑罰請求権の危機」は[25)]、刑罰請求権の危機であるだけでなく、公共的なものの危機でもあろう。

23）（カントに反対して）*Hegel*, Rechtsphilosophie（Anm. 5), §33 Anmerkung und Zusatz も何度かそのように述べている。

24）集団主義との混同は、例えば *Roxin*, SchwZStr. 104 (1988), S. 356, 366 f.; *ders.*, Allg. Teil I, 2. Aufl. 1994, 19/31 ff., 34に見られる。全体主義的な誤解については、*Hirsch*, in: LK, 11. Aufl. 1994, vor §32 Rdn. 182 d mit Fn. 381.

25）*Lüderssen*, in: *ders.*, Abschaffen des Strafrechts?, 1995, S. 23 ff. リューダーセンは、なお、すでに見たところの「社会における合意手続き」の意義の中に「公共」を通じた刑罰の正当化の可能性を見出しつつ、このような正当化は国家による支配という過去志向的なイメージ（「イデオロギー」）と重なると述べている（49頁）。このような場合になぜ、奇妙な正当化の理解の解明においてではなく、「損害賠償と再社会化」（71頁）、つまり民法と社会法においてのみ救済が試みられるべきなのかは明らかではない。いずれにせよ、再民事化は「公共性」の放棄であるか、あるいはより控えめにいえば、前提にされている共通性の放棄を意味する。つまり、私人の経済的な損害は、とにもかくにも公共的なものではないのである。

b) 法規範

それと同時に、私は、「犯罪発生率と同時に個人の自由権と人格の尊重すらも減少させる、テロ手段を用いて恐怖に陥れる刑法（terrorisierenden Strafrecht）」においても[26] 規範保護は存在するという第二の異論を受けることになる。このことは確かに正しい。というのも、全ての奴隷制社会は、奴隷化の規範を保護しているからである。――さもなければ、その社会は、奴隷制社会ではなく、それとは別の社会になってしまうであろう。しかしながら、単なる規範の保護が問題となるという事情は、強調的な意味での法規範の保護が問題になるということを意味しない、否それどころか、社会の特定の形式が維持されるべきであるということすらも意味しない。奴隷は、主人の所有物として法関係の客体であるが、すでにそれがために、法における人格、つまり潜在的な権利者でも潜在的な義務者でもない。また、動物と同じく単なる道具として、奴隷は、主人の社会の構成員でもない。確かに、主人は、奴隷と道具的にコミュニケーションを行うこともあろうが、しかしながらその際、社会は、役馬の動力以上のものを得ていないのである[27]。双方の側を拘束する規範によってはじめて、道具主義的ではない社会が現れるのである。つまり、例えば、フェアな賭博によって自分自身という賭け金を失ったという理由から、自らが奴隷になることを受け入れなければならない関係――そのようなことが成立し、自己矛盾ゆえに否定されないと仮定する場合[28]――が、法関係であるとされる。その場合、奴隷は、自らの状況を受け入れた者として主人と同等の人格であり、奴隷は単に力によって服従させられた者としてではなく、かつての人格としてのその者の身分において奴隷であるということを主人は承認しなければならないであろう。

ヘーゲルの古典的な定式化が「それゆえに法の命令とは、人格であれ、そして諸々の他者を人格として尊重せよ」と述べるとき[29]、これは、別様の見方も可能

26） *Hassemer*, in: AK StGB, 1990, vor §1 Rdn. 254.

27） *Luhmann*（Anm. 21）, S. 367が、「社会から人格が排除されること」はないと述べるとき、それは正しい。しかしながら、このことは、あらゆる人間が人格であるということを述べているわけではない。適切にもそのように述べるものとして、*ders.*, Die Wissenschaft der Gesellschaft, 1990, S. 34. それについては、後述 IV. 2, 3を見よ。

28） それについては、*Kant*, Handschriftlicher Nachlass, Akademie-Ausgabe Bd. 19（Bd. 6 des handschriftlichen Nachlasses）, 1934, S. 474（Reflexion zur Rechtsphilosophie Nr. 7633）; *Mill*, Über Freiheit（On Liberty）, 1969（1859）, S. 123 f.

29） *Hegel*, Rechtsphilosophie（Anm. 5）, §36

であるにもかかわらず、機能主義的な見地ときわめて親和的である。もちろん、全ての人間がかかる命令に包摂されるかどうかは、これをもってしても答えられない問題である――奴隷は通常そうではない。今日、一定程度受け容れられているように見える社会システムがそのような排除を許容しないとしても、排除禁止が全ての社会を包摂する理由は存しない。奴隷売買に関する契約が無効であるとする者は、古代ローマ法、あるいは南北アメリカにおける植民地時代の法を適切に記述していないのであり、また亡命者に対する射撃をシステム内在的に可罰的であるとする者は、東ドイツの法を適切に記述していない[30)]。というのも、これらの秩序は、とにもかくにも排除を行うことができたからである。しかしながら、排除がなかったとしても、ある者が人格たりうるために充足しなければならない最低限必要な条件とは何かという問題が残る。――それについての罪責を負わなければ――十分な生活の糧を得る機会が得られない者は、恐らくほとんどの場合、自らの裕福を擁護する者を人格として承認することができず、承認を巡る闘争を開始することになるであろう。自明のことであるが、このような問題、および自ずと浮かび上がるこれ以外の多くの問題はいわば刑法内在的に処理することはできないし、またそれゆえに、刑法が解釈者にとって最適と思われる社会モデルに方向づけられるということもありえない。――望ましい社会の刑法ではなく、法システムが分出した社会が重要なのであり、また先に進んでいる、あるいは遅れをとっているということはいずれも、すでに現実に示された進路を徹底して強調することが必要である場合にのみ意味を持つ。もちろん、そこでは、それは、拙速な仕事ぶり（Pfusch）と、旧態依然な仕事ぶり（Schlendrian）が規範的な効力を欠くのと同様の意義を有する。

社会が現実に自由権を削減する方向へとさまよう場合[31)]、社会は、そのことを刑法において行うだけではない。それどころか、ひとつの傾向しか最終手段（ultima ratio）を提供しないという危機も想定され得るのである。この場合に、それが不必要かつ過剰な犯罪化であるのか、それとも必要な中核の防衛であるのかということは、政治的にのみ取り扱うことができるのであって、刑法学的に取り扱うことはできない。確かに刑法学は、新しい法的ルールがまさしく何をもたら

30）　それについては、*Jakobs*, GA 1994, 1. 議論状況に関する文献については、Fn. 25 und 29.
31）　*Hassemer*（Anm. 26）.

すのか、そして既存の評価によれば、利用者によって利益として考慮されるものは何か、また害として考慮されるものは何かを明らかにすることができるかもしれない。しかしながら、刑法学は、政治的な評価の転換に対しては無力であり、また政治的な評価の転換を決定することもできないのである[32)]。

Ⅲ　個別問題

1　抽象的危険犯

確かに「規範の保護」という言葉は、国家が、どんなに不適切に根拠づけられたものであろうと何らかの規範を、現状を少なくとも短期間維持するために（このような意味で、介入主義的な理由から）刑罰によって補強する場合には常に、機能主義と関わり合わねばならないということを示唆するものである。この際に特に嘆かれるのは、比較的厳格に輪郭づけられた法益、とりわけ個人的法益を保護する刑法から、このような法益を広範な領域へと過度に拡張することを経て、抽象的危険犯に至るという展開である[33)]。この点、展開の方向は適切に示されているが、その展開は――少なくとも現在では――不可逆的であるというテーゼが唱えられている、というのである。それにもかかわらず、刑法上の機能主義は、機能的規範と介入主義的規範を十分に区別することが可能である。

ある程度複雑な社会を国家的に管理するために、法益侵害に対して規範を持ち出すことは決して十分なものではなかった（それによって、法益というメタファーを介して多くの社会の相当部分が適切に規定されえないと述べているわけではない[34)]）。若干の市民により、それゆえ分権的な判断（dezentraler Beurteilung）において無害なものとしてみなされているところの若干の行為態様を、中央集権的に（zentral）危険なものとして規定し、この規範に対する違反行為に制裁を加える

32）　*Max Weber*, Gesammelte Aufsätze zur Wissenschaftslehre, 3. Aufl. 1968, S. 146 ff., 150.

33）　さらなる批判を挙げると、*Hassemer*, in: AK StGB, vor §1Rdn. 480ff.; *ders.*, Festschrift für Buchala, 1994, S. 133, 144; *ders.*, in : *Simon* (Hrsg.), Rechtswissenschaft in der Bonner Republik, 1994, S. 259ff., 296ff., 307; *ders.*, NStZ 1994, 553, 557f.; *Naucke*, KritV 1993, 135, 143ff.; *Herzog*, Gesellschaftliche Unsicherheit und strafrechtliche Daseinsvorsorge, 1991, S. 50ff., 70ff.; *Prittwitz*, StV 1991, 435; *ders.*, (Anm. 7), S. 236ff.（「大規模な統制」および「象徴的な保障」に関して）.

34）　*Müssig*, Schutz abstrakter Rechtsgüter und abstrakter Rechtsgüterschutz, 1994, S. 155.

ということもまたしばしば必要であった。このような抽象的危険犯は、警察刑法または——例えば、ヨゼフィーナ刑法典における——「行政犯（politische Verbrechen）」に関する部分においてのみ認められていたが、刑事刑法（Kriminalstrafrecht）おいてはそうではなかった。それゆえ、抽象的危険犯を——単純に、もしくは主として秩序を乱すものとしての——警察犯から——社会のアイデンティティーに対する攻撃としての——刑事法上の犯罪へと十分な根拠をもってランクアップさせているか、あるいは介入主義的な種類および方法で行われているかということが重要である。私は、その展開を一括して正当化する3つの理由を挙げることとする。

第一に、すべての財は、その財に含まれている潜在性を現実化するためには一連の周辺条件（Randbedingungen）を必要とするが、今日では、これらの条件が認められる場合でも、もはや自明なものとして現れるわけではなく、それらが欠ける場合でも、もはや不可避な運命として現れるわけではない。これを確証するものとして十分であるのは、生態学的な意味での環境というスローガンである。財の保護という言葉で定式化すると、単に財とは、古典的な法益だけではなく、今日的な理解によれば、それを利用するための条件も同様にそうなのである。それゆえ、この利用条件も、古典的な法益と同様に保護されるのである。もっとも、それによって、静的に理解される「古典的な」法益と並んで、今や静的に理解される周辺条件がさらなる財として据えられるということは示唆されない、というのである[35]。道路交通の「安全」、「破壊されていない（heile）」環境および類似の状態は、明らかに自然状態ではなく、社会の安定化の帰結である。すなわち、自己を方向付けようとする者は、このような安定化をもたらす規範の妥当に目を向けなければならないのである。それゆえ、ここでは、つまり抽象的危険犯においては「古典的な」法益におけるよりも規範妥当の維持が明らかに重要なのであって、何らかの対象の状態の維持が重要なわけではない（つい今しがた述べた、「古典的な」法益に関して語る場合よりも「より明らかである」ということは、事の性質上、法益を語ることも規範妥当を隠喩的に語ることを意味する）。このような状況における社会のアイデンティティーは、財がはじめて価値を持つところの社会的

35）そのような傾向を示すものとして、*Kindhäuser*, Ggefährdung als Straftat, 1989, S. 277ff. 例えば、彼が、安全性を、「十分にあらかじめ配慮されている状態（！）」と記述する場合（280頁）がそれである。これに反対するものとして、*Müssig*（Anm. 34）, S201ff.

諸条件を挙げることなしに、財を集める市民についてのみ言及される場合には、適切に記述されない[36]。ロックの『市民政府二論』(1690年)は――歴史的な影響力があるにもかかわらず――現在に通用する書物ではないのである[37]。

第二に、このことが常に依拠するところの法化傾向は、とりわけ給付国家(Leistungsstaat)においては安全性を警察活動の単なる反射として理解することをもはや許容せず、安全性は国家にその保障を要求することができる権利になる[38]。安全性を重要なものとして高く評価することは、それを害することを重要なものとして高く評価することに対応する。このような理解において抽象的危険犯は、もはや公的秩序を攪乱するだけではなく、安全性――前述した規範的な意味での安全性――を要求する権利を侵害するものである。権利侵害が重要であると思われていない場合、ここでも社会のアイデンティティーは適切に記述されない。

そして最も重要な点として第三に、許された、それどころか望ましい態度と規範に違反する態度との間の限界は、今日では社会の少なくない部分で、根付いている道徳に対応した自生的な(gewachsene)ものではなく、単純に構成されたものであり、多かれ少なかれ恣意的に確定される。このことは、経済、交通、そして環境などの領域でも妥当する。これに対応して、例えば貿易取引では、多くの場合に巧みな商人と経済犯罪者は――もちろん今なお存在するものの――かつて市民と悪人が区別されたようには区別されず、それらは法違反に至るまで同様である。限界の厳格さが最も明白であるのは、環境法における基準値の場合であるが、それは現在の社会のアイデンティティーに欠かせないものである。なぜなら、現在の社会は、その限界に至るまですべてのありうべき利益が獲得されるということを許容するだけではなく、それどころか社会は経済に依存しているため、そ

36) *Stratenwerth*, ZStW 105 (1993), S. 679, 694. 法益と規範妥当の関係については、すでに *Welzel*, Das Deutsche Strafrecht, 11. Aufl. 1969, S. 1-5.

37) *Stratenwerth* (Anm. 36), S. 689; *Schünemann* (Anm. 10), S. 207を見よ。

38) 「誰に対しても敵対的な態度をとってはならないということは、一方の者が他方の者を行為によって侵害する場合を除いて一般的に認められており、このことは、両者が市民的・法律的状態にある場合にはまったく正当である。なぜなら、一方の者が同様な状態に入ることによって、その者が他方の者に対して(両者を統制している当局を介して)必要な安全性を提供するからである。」*Kant*, Zum ewigen Frieden, Akademie-Ausgabe Bd. 8, 1923, S. 349 Fußnote. しかし、「当局」は、その場合にも――やむを得ない場合には抽象的に危険な態度を処罰することも含めて――必要な措置をとらなければならない。

のことを依り拠としているからである[39]。

このような3つの理由がおおよそでも正しいものであるとすれば、抽象的にしか結果に関係しない態度でも計算に入れる必要はないという予期の保証は、アイデンティティーを決定する社会的メルクマールに属するのであり、その結果これに相当する刑罰規定は機能的に正当化されうるのである。このような簡潔なコメントを付すにとどまらず、まったくもってあらゆる抽象的危険犯が正当化されるわけではないし、抽象的危険犯のすべての法定刑が正当化されるわけではないということを補足しなければならない。とくに、予備を既遂と同様に処罰する、主観的要素が付加されたすべての危険犯――主な例として文書偽造（刑法267条）――、そして法に友好的な雰囲気、いわば精神的な周辺条件を保護するものとされる、すべての犯罪（刑法130条〔民衆扇動罪〕、131条〔暴力表現〕、140条〔犯罪行為への報酬の支払と是認〕）を正当化する余地はないと思われる。このような犯罪は、自由な市民に対するコミュニケーションという社会のスタンスと矛盾している。そしてついでに言えば、これらは秩序違反に変えられるものではなく、完全に削除されるべきである。私は、このことを以前の刑法学者大会ではっきり述べた[40]。そのため、今日はそれを示唆することにとどめることにしたい。

2　人的帰属

a）人格対主体

刑法は、社会的攪乱に反応する。この攪乱は、（とりわけ、アルミン・カウフマンのプログラムに対応するような[41]）孤立した主体、その能力、命令と考えられる規範の諸概念へと適切に――まさに、社会的攪乱として――解消することはできない。むしろ、社会的に対をなすものから取り組まれるべきである。すなわち、社会的に媒介された主体、つまり人格の概念、付与された任務の範囲、つまり管轄の概念、さらに制度化された社会的予期としての規範の概念から取り組まれる

39）最近グリーンピースがフォルクスワーゲン社取締役会のスポークスマンを環境破壊者として非難したことは、基準値の恣意性を示しているが、その不可避性については沈黙しており、それゆえ反啓蒙的である。

40）*Jakobs*, ZStW 97,（1985）, S. 751, 773ff.（本書1頁以下）

41）*Armin Kaufmann*, Lebendiges und Totes in Bindings Normentheorie, 1954, S. 3ff., 102ff., 160ff.; *ders.*, Die Dogmatik der Unterlassungsdelikte, 1959, S. 2ff., 35ff.; *Zielinski*, Handlungs- und Erfolgsunwert im Unrechtsbegriff, 1973, S. 121ff.

べきである。

人格は、ある役割を果たすものでなければならないと言われている。ペルソナ（persona）とは仮面であり、それゆえ、必ずしもその担い手の主体性を表現するものではなく[42]、むしろ社会的に了解可能な権能（Kompetenz）を表現するものである[43]。すべての社会は、客観的世界の構築によってはじまる。恋愛関係でさえも、それが社会である限りそうである。この場合、社会に参加している個人、すなわちコミュニケーションに関して基準とされる個人は、いまや、客観的世界、すなわちその者に少なくとも一つの規範が妥当していることによって定義される[44]。そのため、そのような個人は――場合によっては小さなものかもしれないが――ある役割を果たすものでなければならない。しかし、ここでの説明は、それほど広く把握する必要はない。むしろここでの説明は、自ずと浮かんでくる特殊性、すなわち、機能化のために高度に匿名化された接触も存在しなければならないという特殊性に結びつけられるものである。なぜなら、そのような接触は、とりわけ主体から独立して組織化されうるからである。

人間の主体性とは、その概念からしてすでに、他者に直接にアプローチできるものではなく、常に言明、まさにその言明に付随するコンテクストにおいて解釈されなければならないところの客観化を介して媒介されるにすぎない。それだけを捉えれば、あらゆる態度は多義的である。かかる状況では、他者の現実の態度は、その者の生活履歴（Vita）を正確に知っている場合にしか、推定上の意味に従って解釈することはできない[45]。すなわち、仮に解釈の適切な根拠づけにおい

42） *Hobbes*, Leviathan（The Englisch Works, hrsg. von Molesworth, Bd. 3, Neudruck 1962）, S. 148（16. Kapitel）; Forst（Anm. 14）, S. 430; *Luhmann*, Wissenschaft（Anm. 27）, S. 33:「人格は……社会システムのオートポイエーシスを構成するものである」。これを受けて、*ders.*, Aufklärung（Anm. 1）, S. 142ff., 153は、「人格は、心的システムと社会システムの構造的カップリングに資する」とする。; *Gurjewitsch*, Das Individuum im europäischen Mittelalter, 1994, S. 116ff., 117f.

43） 古典的な法的用語としての「ペルソナ」の――常に一様ではない――用法に関して *Rheinfelder*, Das Wort „persona", 1928,（Beiheft 77 der Zeitschrift für romanische Philologie）, S. 148ff.（さらに、S. 6ff.）.

44） 「人格は、その行為が帰属可能である主体である」（*Kant*, Metaphysik der Sitten, Akademie-Ausgabe Bd. 6, 1914, S. 223.）法秩序へと包含される定式化として、「人間は、市民社会における何らかの法を享受するものである限りで、人格と呼ばれる。」（Preußisches ALR I 1, §1.）又は「人格は、一般的に、権利能力を有している。」（*Hegel*（Anm. 5）, §36.）

45） *Luhmann*, Gesellschaftstruktur und Semantik, Bd. 2, S. 254; *ders.*, Soziale Systeme, 1984, S. 430ff.（役割に関して）

てであっても、主体そのものにアプローチすることはできない。例えて言うなれば、何人も、他者を根拠ある形で信頼しうるためには、彼に関して何らかのことを分かっていなければならないということを知っているし、よく分かっている場合でも予期が外れることはありうるということを知っている。

もっとも、他者がどのような規範システムを拘束的なものとみなしているのかということがはっきりしている場合には状況が異なる。他者が熱心なキリスト教信者であるということ、あるいは常に徹底的な快楽主義者であるということを知っている者は、彼の多くの態度を計算に入れることができる。

可能な限り主体に関係づけられた態度の解釈のための、上述した２つの条件――広範な態度に関する文脈を知っていること、および標準となる規範システムを知っていること――は、すべての完全ではない社会の領域においては、すなわちおそらく大量・匿名の、もしくはおおよそ匿名の接触であるとか、それによって個別的な生活形成を可能にする多元的な社会においては欠落せざるを得ないものである。

このような状況においては、ある態度が何を意味するか――規範違反か、あるいは無害か――ということは客観的に確定されなければならない。つまり、あらゆる態度がその意味によって拘束的に明らかにされる概念枠組みを展開することが重要なのである。そして、このような概念枠組みは、それが秩序を構築するという場合に大量・主体的な特殊性というカオスを引き受けることができるものではなく、標準、役割、客観的モデルに結び付けなければならないものなのである。換言すれば、行為者（Akteur）およびその他すべての関与者は、きわめて多様な意図と選好を持つ個人とみなされるのではなく、彼らは法的にかくあらねばならぬ者、つまり人格とみなされるのである。これらの者の間で、誰が侵害経過に管轄を有するか――行為者か、第三者か、責務違反を理由とする被害者自身か、または同様に事故の際の被害者（所有者の危険負担［casum sentit dominus］）か――が取り決められる。とりわけ、危殆化を甘受することに関する管轄も、主観的な選好によってではなく、客観的な基準にしたがって調整される。さもなければ複雑な社会は、組織化することができなくなってしまうであろう。道路を通行するだけの者でも、許された交通の危険を甘受しなければならず、都市に引っ越す者は、そこでは当たり前に行なわれている大気汚染を甘受しなければならない。彼にとってはいずれも主観的にきわめて不快なことであろうとも、このことからこの種の危険の創出を回避する他者の義務が生じるわけではない。なぜなら、それを甘受することは、通行人または都市居住者の役割に属するからである。

b) 客観的帰属

現代の刑法が客観的帰属論の枠組みの中で構成要件に該当する態度の理論、すなわち、許された危険、信頼の原則、自己危険行為、および――専門用語としてはその実体以上に争われている――遡及禁止の理論を展開する場合、刑法は社会機能的なアプローチに基づいているか、あるいは少なくともそれと合致している。例えば、モータリゼーションの進展した道路交通の参加者の下でのような、迅速な社会的接触を組織化することができるのは、自身の瑕疵ある態度に対してのみ責任を負い、予期しうる他者の瑕疵ある態度に対して責任を負う必要がないという場合だけである。そして、すぐれて分業の進んだ経済は、購入者が規格化された製品（Standardprodukt）を犯罪に利用するのか、それとも損害をもたらすその他の方法で利用するのかどうかについて注意を払うことがその製品の販売者の役割ではないということを前提にしている。これを一般化して定式化するならば、法的に保証された予期は、個人的な瑕疵ある態度によってではなく、客観的な瑕疵ある態度によって違背されるのである。というのも、このような予期（同様にすべての予期）は、人格、すなわち役割の担い手に向けられているため、予期違背の最小条件は、その役割に反することだからである。

もっとも、客観的帰属では、その刑法上の側面に関して言えば、他者が自己の役割を積極的に果たすという保証は問題にされていない。刑法は、このような保証を成し遂げることはできないのである。刑法は、特別な役割（自動車運転者、医師、建築士などとしての特別な役割）に反することにだけ反応するわけではない――責任に関しては、法に忠実な市民の一般的な役割がなお問題になっているからである。どのような場合であっても、責任なき不法は不処罰にとどまるのである。客観的帰属に関する特殊刑法的な核心は、一定の領域にその任務とそれに応じた負責を制限するという点にのみ存在する。

c) 故意？

主体ではなく、人格が問題となっている以上、主体の現実の認識状態は、機能的に見るならば、伝統的な解釈学、つまり自然主義的に心理的なファクターに固執する解釈学がそれに認めているところの重要性を有していない。認識とは、個人の心理的な所見であり、管轄の領域および程度とまったく等しいものではない。すでにして、このことは不法の意識に関して広く承認されている。実定法のルール（刑法17条）は、回避可能な認識の欠如の場合に完全な刑罰を許容しているが、このことは法への無関心（Rechtsgleichgültigkeit）に基づく不知の諸事例にも妥当してしまう。驚くべきことに、このような規範的な観点は、構成要件実現に対する管轄について未成熟な段階にある――これまで、規範的な責任概念に対して、心理学的な故意概念はそっけない態度をとってきた。このことは、自身の態度に関して容易に想定される悪い結果を無関心によって感知していない行為者は、せいぜいのところ過失行為について責任を負うだけであるのに対して、良心の呵責を持って慎重に（skurpelhaft）つい今しがた述べたあらゆる許されざる危険を注意深く感知する行為者には故意犯の刑罰が科されるという奇妙な帰結を導いてしまう[46]。もっとも、後者は、他の事情が同じであれば、社会的相当性にかなり接近するため、許されざる危険の領域にはるかに踏み込んだ前者ほど、予期に反する態度についての管轄は認められない。これを明確にするために、二人の労働者がタールを扱っている例を挙げよう。一人の労働者は熱心に働いていたが、このような態様では、少なくとも通行人が汚されてしまう可能性があるということが容易に想定されたにもかかわらず、考慮に入れていなかった。もう一人の労働者は慎重に行動していたが、それにもかかわらず器物損壊の重要なリスクが残っていることを排除できなかった。このような出来事の社会的な克服のために刑法が必要とされるかどうかは疑わしいが、現行刑法は、この事例を犯罪に該当する（刑法典303条１項〔器物損壊罪〕）と規定している。しかも、第二の行為者について見れば（刑法典15条〔故意行為および過失行為〕、16条１項〔行為事情に関する錯誤〕）、まったくもって奇妙である。（たとえば、器物損壊ではなく、致死が問題になる場合、事象について無関心である行為者には５年以下の法定刑が科せられるが〔訳者

46）　この問題に関する論証については、*Jakobs*, Allg. Teil, 2. Aufl. 1991, 8/5ff. mit Fn. 9; さらに注12も見よ。プッペは、許されていないが、軽微な危険を、故意の対象としては除外している（*Puppe*, Vorsatz und Zurechnung, 1992, S. 35ff.）。このことは適切であろうが、一面しか、つまり、とりわけ良心の呵責がある場合にしか解決できないのである。他面において、無関心を理由とする不知の場合には、「故意の認識要素をも規範化することは、相互的な価値判断を行う通説的な標準から極端にかけ離れている」とされる（*dies.*, ZStW 103〔1991〕, S. 1, 37）。しかし、なぜ刑法17条の領域では事情が異なるのであろうか。

補記：刑法典222条の過失致死の法定刑は「５年以下の自由刑又は罰金」〕、良心の呵責を持った慎重な者に対する法定刑は５年以上なのである〔訳者補記：刑法典212条１項の法定刑は「５年以上の自由刑」〕。）

回避可能な不法の不知と同様に、構成要件実現の回避可能な不知も以下のように区別される。行為者が自らもたらしたことに無関心である人格として現れる場合、不知は責任を軽くすることはない。なぜなら、そうでなければ、規範システムは彼自身の軽視を促進することになるからである。しかし、不知が、その他の点ではきちんとした態度計画において錯誤で生じた計算違いに基づく場合、あるいはそれ自体として許容できる混乱もしくはそれに類するものに基づく場合、そのような不知の理由は特に他者の財に対して向けられておらず、むしろ、その理由は自然的罰（poena naturalis）としての自己侵害の危険と結びついているということを指摘できる。それゆえ、このような誤りのもとを回避する必要性は少なくとも認知的には証明されるため、誤って想定される態度はあらゆる場合の模範となる効果（je de Vorbildwirkung）を欠くのであるからなおのこと、刑罰によるリアクションはもはや必要ではないか、もしくは限定的にしか必要ではないのである。機能的考察による場合、このことは過失行為の可罰性の減少または不処罰の根拠になる――すでに述べたように、この構想は、不法の不知とパラレルな事例において普及している学説に対応するものである。

d）責　任

機能的システムにおける帰属に関するこれまでの論述は、何が問題であるのかを例示的に明らかにするものである。帰属論全体についての包括的な概観は、ここでは当然のことながら提供されない。主に欠けているのは、通説的な共犯論の心理主義に関する論述と、作為と不作為の相違を自然主義的に過大評価することに関する論述である47)。もっとも、責任概念に関するいくつかの論述は以下で行

47）共犯論に関して言えば、共同正犯に関して適切なものとして、*Lesch*, ZStW 105 (1993), S. 271; これに反対するものとして、*Küpper*, ZStW 105 (1993), S. 295. 上述した故意に関する叙述によると、機能的観点では、制限従属性に関する規定も不変のものではないということは明らかである。文献を挙げて詳論するものとして、*Jakobs*, Allg. Teil, 22/12ff. 作為と不作為の区別は形式的なものであるということについて、*Jakobs*, Allg. Teil, 28/13ff.（その後これについて詳細に扱ったものとして、*ders.*, Die strafrechtliche Zurechung von Tun und Unterlassen, 1996）; *Freund*, Erfolgsdelikt und Unterlassen, 1992, S. 39ff., 51ff. und passim; *Vogel*, Norm und Pflicht bei den unechten

われるであろう。なぜなら、そこですべてのことが語られるからである。ここでは、個々の諸制度に関する数々の既存の機能的解釈を繰り返すのではなく、その基礎の獲得を試みることとする。

機能的解釈では、根本的な相違は、社会か環境かにある。コミュニケーションに関連して定義するならば、意味（Sinn）か自然（Natur）かである。換言すれば、行為者が自身の行為によってコミュニケーション的に重要な意味を描くのか、それとも行為者がコミュニケーション的な重要性を誤っているのか、すなわち、たとえ行為者がこのような性質を個人的に意味があるものとみなしているとしても自然にとどまっているのかのいずれかである。第三の命題は存在しない（tertium non datur）。何が意味とみなされ、何が自然とみなされるのかは機能的に確定されている——それどころか、このことは、刑法における機能的責任概念に関する中核的テーゼである。それゆえ、この区別は、社会のすべての部分で同じであるということはない。たとえば、教育者は、刑法的観点では自然として現れるところの子供の行為を意味のあるものとして解釈するかもしれない。ましてや、賞賛の帰属（lobende Zurechnung）に関する固有のルールが妥当する。いずれにせよ、刑法において意味と自然を区別するのは、責任概念である。責任概念に先行するすべての刑法上の秩序は、責任概念を運用可能にすることにのみその任務が存在する補助概念に従って実現され、それゆえ、教授法的なものに尽きているのである。

このことは、不法という概念を明確にするものである。責任なき不法の取扱いは、本来の刑法の任務ではない。それゆえ、刑法もこの場合に何が重要であるのかを拘束力をもって確定することはできない。因果主義的不法概念、目的的不法概念、社会的不法概念およびその他の不法概念の間でかつて行われていた激しい論争は——たとえば、客観的帰属可能性の必要性に関する論争と同様に——実質的には責任の要件についての論争が問題になっていなかったところで行われた、犯罪構成の教授法の論争か、もしくはそうですらなかったのである。というのも、どのような不法概念においても、そしてその最も内容豊富な不法概念においてすら、常に瑕疵ある意味表出が存在するという推定が問題になっているにすぎないからである。因果主義者は、因果的な法益侵害的態度においてすでにそのような

Unterlassungsdelikten, 1993, S. 358ff., 372ff.

ものを推定し、目的的行為論者は、少なくとも故意犯では故意が認められる場合にこれをはじめて推定する。いずれも、客観的帰属の要素を加えて豊富化することができる。その場合、推定は標準の違反をも前提にすることになる。そして、最終的に責任が欠ける場合でも、それはただ見かけ上コミュニケーションに対する寄与にすぎないのであって、つまり見かけ上意味のある態度に見えているだけなのである。実際には、自然、すなわち病気や回避不可能な錯誤、生命の危難、狼狽、恐怖、驚愕、もしくはその他の事情による結果、またはいずれにせよ自然的存在（Naturwesen)、情動的存在（Affektwesen）としての人間の帰結が問題になっているのであり、能力をもった、意味媒介的なコミュニケーションの参加者としての人の帰結は問題になっていないのである[48]。それゆえ——これに関して排他的に——行為者の主体としての精神的かつ身体的な欠陥が客観的帰属可能性の検証においてすでに考慮されているか否かということもそれほど重要ではない。大まかにいえば、身体的欠陥は考慮され得るのに対して、精神的欠陥は考慮され得ないのが通常である。このように区別する理由は、身体的欠陥がしばしば精神的欠陥よりも容易に知覚され得るものであり、それに応じてしばしば規範的予期が認知的予期へとより早い時点で変化するからであろう。しかし、どこかでは、予期は、精神的欠陥がある場合でも順応しなければならない（早期化の問題は、ここでは考慮外である)。そして、予期の種類の変化が不法の領域において行われるのか、それともその後の段階で行われるのかということは、どうでもよい。なぜなら、刑法のリアクションにとっては、すべてのものの上位にある責任だけが重要だからである。

---

48) *Jakobs*, Der strafrechtliche Handlungsbegriff, 1992, S. 41ff. これに批判的なものとして、*Stübinger*, KJ 1994, 119.「行為」概念と「帰属」概念は、Stübinger, KJ 1994, 123に反して、区別することはできないのであって、ヘーゲリアーナーによっても一貫して区別されてはいない。たとえば、*Berner*, Lehrbuch des Deutschen Strafrecht, 18. Aufl. 1898, S. 117を見よ。包括的なものとして、*Radbruch*, Der Handlungsbegriff in seiner Bedeutung für das Strafrechtssystem, Neudruck 1967, S. 86. 批判的な見解として、さらに*Schild*, GA 1995, 101ff.；因果主義者の場合には、「本来の行為(eigentliche Handlung)」は、違法かつ有責な行為であり、「(本来の）行為概念は……犯罪である」ということは——シルトとは逆に——認めることはできない。たとえば、*von Liszt*, Lehrbuch des Deutschen Strafrechts, 5. Aufl., 1892, S. 128を見よ。これによると「したがって、行為の概念は、二つの部分から構成されている。一つは、身体的動作であり、もう一つは結果である。両者は原因と結果の関係によって結び付けられる」。さらに、批判的な見解として、*Schünemann*（Anm. 37), S. 220. 彼は、批判として、ここでは行為概念を犯罪概念と混同しているという。しかし、刑法において犯罪のほかに何に関心が持たれるのであろうか。

これによって核心部分に到達する。社会機能的視点からすれば、刑法が保証するのは、以下のたった１つのことだけである。すなわち、（法治国家の手続きの中で示される）規範が妥当しないという意味表出に異議を唱えるということだけを保証しているのである。この言明からすれば、瑕疵のある内容の意味表出は、答責されるべき表現なのである。不法は存在するが、責任はないという場合[49]、すなわち、責任能力の欠如、回避不可能な不法の認識の欠如、期待可能性の欠如は、コミュニケーション的に重要な意味を単に個人的なもの、偶然的なものに変換し、このような理解において自然（コミュニケーションの環境）に変換する。

このような状況を予期に、もしくは私の理解では規範に遡って定式化するならば、特殊刑法的に単に責任〔訳者補記：責任を負うような事態〕がないということや、積極的に言えば、十分な法的忠誠が予期されているということ、十分な法的忠誠を果たすためだけに義務が存在するということが明らかになる。確かに、責任無能力者は人を殺したり、傷害したり、器物を損壊したりしないという予期も存在する。しかし、このような予期は、民事法、さらに、それ以上に警察法に含まれるものであるが、刑法には含まれていない。なぜなら、そのような予期に違背しただけでは、いかなる刑法上のリアクションももたらさないからである。このことから明らかとなるのは、刑法がその遵守を保証するのは、法に忠実な市民の役割、つまり法における人格の役割だということである。

しかし、その限りで、そもそも役割、すなわち客観的に模範となるものが問題なのであって、主体性は問題ではないのであろうか。心理学的な責任概念が存在したとしても、それが規範的責任概念にとって代わられて以降、責任を確定する基準は、徹底して客観的基準であるということは確認されている[50]。なぜなら、何事もそれ自体を物差しにして測定することはできないからである。しかし、規範的責任概念は基準を構成するだけであり、——少なくともはっきりとは——測定されるべき人格を構成しない。それを構成するのは機能的責任概念であり、これは実務が以前から行ってきたことを理論的に行うものである。すなわち、主体という個人的な構成物は、コントロールできないような氾濫が懸念されえない場

49）　不法が存在しないとしても、瑕疵のない意味表出は存在するかもしれない。

50）　判断の客観性がいかに知られていないかということは、例えば、規範的（！）責任概念の主張者がその規範性を当該立場に依拠させる場合に明らかになる。*Küpper*, Grenzen der normativierenden Strafrechtsdogmatik, 1990, S. 156ff.

合にのみ尊重される。これに対して、それ以外の場合、十分な法的忠誠に配慮することは、市民の固有の関心事とみなされるのである[51]。換言すれば、コンフリクトは、帰属によるのとは異なった形で処理されるため、主体はその個別性を、それによって法を一般化することを阻害しない限りでのみ持ち込むことができるのである。

つまり、責任という標準によって判定されるのは、主体ではなく、人格なのである。より詳しく言えば、法を尊重することを役割とする、考えうる中で最も一般的な人格が判定されるのである。ここからは何も減殺されない。この役割が問題とならない場合にのみ、役割以外のデータが考慮され得る。このような状況にあるのは、例えば、規範の錯誤に関しては役割の担い手の法親和的態度、免責的緊急避難に関しては、責任なしに、つまり法敵対性なく突然生じた緊急状況、過剰防衛に関しては、侵害者、つまり法を尊重せず、それゆえ他者による尊重を要求してはならない人格に対する行き過ぎた防衛、免責される良心犯（zu dekulpierenden Gewissentäter）に関しては、原則的に法親和的な良心に基づく態度がこれに当たる。つまるところ、法を尊重する者の役割は、人格性、平等、能力を意味せず、病気または精神錯乱を意味するような、そもそも意味のない態度によっては問題にされないのである。過失の刑が軽いことに至るまでの詳細については[52]、他の著作ですでに明らかにしたことなので、ここでは繰り返さないことに

51） さらに、上述注19も見よ。

52） 適切なものとして、*Streng*, NStZ 1995, 12, 161, 162。そこでは、（刑法典20条の枠組における）責任判断の形成では「規範を与える者と規範を適用する者の動機（Motive）と欲求（Bedürfnis）」が重要である（ここでの「動機と欲求」は、もちろん、その側で心理学的に理解されるのではなく、社会の機能性のメタファーとみなされなければならない）と述べられている。そうでなければ「初歩的な感情に担われた、正義の予期」の影響が無視されてしまうという理由から、シュトレンクが責任を「一般予防の派生物」として説明することを妥当でないとするならば、このことは一貫性を欠く。機能的な視点では、このような評価も「規範を与える者と規範を適用する者の動機と欲求」という社会心理的な凝固物としてしか理解されえない。これに対応して、「自己決定能力」は、システムの維持のためにもたらされる帰属の必要性とは独立して根拠づけられなければならない（たとえば、――刑法に関する――メタレベルにおいて）という批判がある。なぜなら、さもなければ、帰属は、それが開かれたまま行われる場合には受け入れられないからだという（最近のものとして、*Frister*, Die Struktur des „voluntativen Schuldelements", 1993, S. 77, 80 und passim. このような論拠についてさらに論証を行っている）。このような批判は、二重の錯誤に陥っている。すなわち、(1) 法とは別の側に、機能的ではない帰属システムが存在するということ（とりわけ、道徳的な帰属も、方法のための方法として行われるものではない）、(2) 社会システムの強制は、人格とは調和しないものであり、必要不可欠なものと理解することはできないということである。確かに、分裂した社会、もしくは偽りの社会は存在する。しかし、なぜ、自分自身を開かれたものと記述し、

する[53]。

結論として、刑法は個人の意識において実践されるものではなく、コミュニケーションにおいて実践されるものなのである。刑法の担い手は、人格——その側に立つのは、行為者、被害者、および裁判官——である。その諸条件を設定するのは、個人的な感情ではなく、社会である。行為の自由を許容している社会にとって主たる条件となるのは、主体の人格化である。強調しておくが、問題となっているのは、かくあるべきという主張ではなく、かくあるという主張なのである。すなわち、機能的責任概念は、まさに社会によって決定される尺度において必然的に記述される。おそらく、このような突き放した記述は、ユートピア、つまり実際のところ完全な機能的理論に最も嫌われるものを排除しているのである。

Ⅳ　コミュニケーションの態様

1　問題の所在

もちろん、人格的コミュニケーションの諸条件が描写される場合、その諸条件とは、奴隷から搾取することや、よそ者、つまり人格ではないものと関わり合うことの諸条件ではなく、むしろ対等者間でのコミュニケーションの諸条件である。それゆえ、最後にわたしは、これまで叙述してきた考え方があまりに伝統主義的であり、また懸案の問題を正確に記していないという批判を先に処理しておくことにする。確かに、そのように見えるのかもしれない。対等な者として標準となる意味を表出し、そして刑罰でもって異議が唱えられるところの人格として法違反者を捉えることは、たとえ歪められたとしても、社会がいずれにしても道具的コミュニケーションとしてのみならず、相手を承認するコミュニケーションとして現れるという構想に結びつく。ただ、このような構想がそもそも十分な程度にそうであるということは、もはや保証されたものとは考えられない。

把握する社会の諸条件が、その由来が解明されていない正義に比して受け入れがたいものなのであろうか。

53）　その論証については、*Jakobs*, Allg. Teil, 17/18ff.; *ders.*, Schuldprinzip（Anm. 12）, S. 23ff.；過失に関しては、注12を見よ。

道具的コミュニケーションとは、以下のようなものである。すなわち、コミュニケーションとは目的に適ったものであるかどうかであり、いずれにせよ参加者は一切拘束されない（そしてそれに応じて当該コミュニケーションでは人格でもない）し、機械の取扱いに似たようなものである。つまり、これは正しく操作されるという権利を有しない。これに対して、人格的コミュニケーションにおいて他者は、単に戦略的な計算の対象なのではなく、彼は愛されているがゆえに、もしくは法的なコミュニケーションの中で、彼は理性的存在であるか社会契約に入ったがゆえに、ないしはその他の理由で――つまり、何がしかの理由があって――法における対等な人格なのである。このように対等な者として承認する際には、確かに帰責が重要となろう。しかし、それは思いのままに操作しうるものではない。すなわち、極めて明確な形で自らの理性を否定するか、もしくは極めて明確な形で法共同体の諸条件に依拠せずに自己のアイデンティティーを自ら構築する者は、意味ある形で法における人格として扱われ得ないし、いずれにせよ実際に扱うことなどできないのである。さらに、法的なものであることの条件を外部的拘束としてしか認めない者も、なぜ他人が自分を法における人格として扱うべきなのかという問いの答えを知りえないのである。もっとも、そのような取扱いが戦略的に求められたものだという答え以外、知りえないであろう。手短に言えば、以下の通りである。すなわち、極端な多元性は、共通なるものによる人格的な対等性をも希釈してしまうのである。暴露された領域に残されたのは、道具的に互いに折り合いをつける試みである。人は互いに自然に、ルソーの言葉を借りれば、野蛮人になる[54]。確かに人格は社会から排斥されうるものではないが[55]、すべての人がこの先ずっと相互に人格として理解されるということを保証するものは何もないのである。

このような展開は、嘆くことで止められるわけではない。つまり、社会は人格から道具へと移り変わるのかもしれないし、先述した通り、人格的に方向づけられた社会から刑法の諸原理や基本的な諸概念を機能的に省察することは、人格に固執しており、あまりに古きヨーロッパ的なものを前提にしているのかもしれない。

54）前掲注17の通りである。

55）前掲注27を見よ。

2　道具的コミュニケーション

道具的コミュニケーションと人格的コミュニケーションは、直観的な説得性に期待して区別されてきた。その理論的根拠づけの素描は後に回し、まずは道具的な領域について扱うことにしよう。

孤立した個人（ein einzelnes Individuum）について考えてみよう。その個人が生きていく際、他人と並んで、彼の精神は身体の欲求を適切にあるコード（快／不快もしくはそれに類するもの）で表し、欲求不満の状態がなくなるように、もしくはすぐに生じないように環境を利用することを可能にする。このような個人の精神は、彼が使用するところのコードに従い、自らの環境全体を秩序づけており、それは同時に、彼の精神が全てを個人の欲求状態に従って秩序づけていることを意味する。個人は、（彼にとっての）環境全体と自己との関連性に加えて、さらに自分自身を把握することはできない。というのも、そうであるならば、精神に対置されうる何かが存在しなければならないであろうが、上述のモデルにおいて精神は専ら全てにとっての秩序だからである。とりわけ、自分自身と意識との関連性は、（「適切にも不快は回避するよう処理されたのであろうか」という）個々の秩序の再定式化としてのみあり得るであろうが、主体性の根拠づけとしてはあり得ないであろう。すなわち、主体は、その他の主体をバックグラウンドにしてはじめて客体ではなく主体となりうるのである。例えば、世界全体が（「明るい」「暗い」はあるが）視覚的に同じ赤色で知覚されるとすれば、より詳しく言えば、回想もしくはその他のイメージにおいてもそうであるならば、世界全体は概して無色とみなされるであろう。というのも、赤という色は、コントラストを除けば、ありとあらゆる質を持たないからである。それゆえに環境全体は、個人にとっては、精神が管理する巨大な身体のようなものなのである。すなわち、このような精神は規定根拠として必然的にそれ自体の規定の盲点に存するため、輪郭を定めたとしても、それ自身を何ら定めるわけではないのである。

このような個々人の構造は、個人が他人に接する場合にも維持されるかもしれない。すなわち、他の個人は、例えば石や植物よりも複雑な環境ではあるが、それ自体として何ら新しいものではない。個人は、幾人かの他人を手がかりに、彼自身と同じように作られていることを認識するかもしれない。それどころか、彼は他人にも精神というシステムがあることを推察するであろう。彼は、このような発見を調教の試み（Dressurversuchen）のために利用するかもしれないし、もしくは――そうでなければ、共生関係における場合と同様に――目的に適った協同に至るかもしれないが、このことは全て、快と不快という個々人のコードによる秩序以外の何かを生じさせるものではない。

他人は昼と夜の移り変わりをも知覚するという認識が協同に欠かせないものであると想定してみよう。すなわち、そのような場合、このような移り変わりは共通の、しかもそのような意味での客観世界に属するものなのであろうか。個人が他人の知覚を、自己と対等である他人の知覚として把握するのであれば、そうかもしれない。しかし、余すところなく世界全体は、他人とその精神を含め、個人の秩序によって媒介されるため、知識の内容は以下の通りとなる。すなわち、（ここでは「他人の」と指し示される）部分世界は、昼と夜の移り変わりも無媒介に顧慮しなければならないものであるかのようにそれを記録しているのであり、そしてこのことは目的に適った世界形成の前提として考慮される。

ルソーはこのような状態を記しており、そしてそこでは何ら主体的なアイデンティティーは獲得されえないことを認識していた[56]。すなわち、「彼（つまり、野蛮人）は、自己の現実の欲求のみを感じ、そして彼は自己にとって利益だと思うことだけを顧慮している」[57]と。これはつまり、個々人が自らの居場所を知ることなく、自己の欲求と利益に流されていることを意味する。もっとも、ルソーは、技能と協同のチャンスを獲得することの難しさについて誇張していた[58]。すなわち、道具的言語を含めた道具的な展開がないということは、上述の状態に属するものではないのである。ルソーが述べるところの「野蛮人」が果実を摘むように、彼は農作業を行うか、もしくは産業を営むかもしれない。その際、個人の協同は極めて複雑に形成され得るし、言語は、考え得る限り高度に複雑なコンピューター言語に対応するところの複雑性を受け容れ得るのである――しかし、それは関与者の主体的性質と必ずしも結びつけられるわけではない。

さらに、以下のような規則が作られるかもしれない。すなわち、個人の精神的秩序に属することが内的にも外的にも広く検討されるのではなく、固定観念により付属品として扱われてしまう規則である（例えば、「自然科学的研究の成果は否

56） *Rousseau*（Anm. 17）, S. 141 ff.

57） *Rousseau*（Anm. 17）, S. 185.

58） *Rousseau*（Anm. 17）, S. 141 ff., 183.

定されてはならない」という規則)。そのような規則は広い意味で規範（標準）である。つまり、それに従うことが推定され、これに従わない場合、その者は「欠陥あり」と定義される。それどころか、システムは狭い意味での規範に基づいて整えられるかもしれない。規制（Regelwerk）は個々人に任務を与え、そしてそれが充たされた場合、個人に望ましい効果か、そうでなければ望まれざる効果が結び付けられる。このようにして、予防的な刑罰が登場するのである。もっとも、十分に強い者にとってこの規制は（前段落で述べた通り）有益であるか、もしくは屑紙となってしまうかのいずれかである。すなわち、規則違反が自らの精神的構造とよりよく折り合いがつけられるやいなや、彼はその規則に違反してしまうのである。

このような世界を記述しようと個人のうちのひとりが試みるのであれば、それはその他のものと並んだ、ひとつの選好中枢（つまり、そこから選好の最大化のための戦略が始まるところの中心）と呼ばれるであろうし、法人の取締役会が自分たちのことを「我々」と呼んでもよいのと同じ意味で、自己の選好中枢を語る際にこれを「私」と呼んでも何の支障もないのである。かようにして、法人がそのような語りを通して自己意識を獲得しないのと同じく、そのように「私」を語ることで選好中枢が主体になることはないのである。

人間は雨後の筍のように現れたものであり[59]、その生命を保存しなければならず、またあらゆる社会的な諸条件から自由であり、より正確に言えば、あらゆることに対する自然権を有している[60]ということをホッブスが前提にしようとするとき、彼はそのように人間を論じている。すなわち、その際には、認知的に生命保存と最も良く折り合う環境との関係、つまり他の生命保存の中枢との関係を見出すことが肝要であり、ホッブスによれば、これが社会契約に至るとされる[61]。そして、ホッブスは――ルソーと異なり[62]――社会契約を外界に放置しているため、つまり精神的なシステムの自己記述は変更されないため[63]、賢慮の法則に

59) Vgl. *Hobbes*, (Anm. 18).

60) *Hobbes* (Anm. 42), S. 117 (14. Kapital).

61) *Hobbes* (Anm. 42), S. 157 f. (17. Kapital).

62) Du Contrat Social, 1762, S. 23 (4. Buch, 7. Kapital a. E.), 45 f. (2, 5), 155 (5, 2) によれば、「市民は、たとえそれが自らの意思に反する法律であったとしても、またそれに違反しようとした際に彼を処罰する法律であったとしても、すべての法律に同意する」とされる。

63) ルソーによれば、(正統な) 国家は道徳をも規定するが、*Hobbes*, (Anm. 42), S. 436 f. (37. Kap-

従うならば、生命保持のために必要であるという活動基盤においてしか契約は妥当しない。これはつまり、契約が生命を犠牲にする場合には妥当せず[64]、また――スピノザが記したように[65]――契約を必要としない強者に対しては妥当しないのである。そのようなシステムでは、規範は仮言命法を通じて根拠づけられ、そしてその仮言がそもそも適切ではないか、もしくはもはや適切ではない場合に消滅する。

もっとも、ホッブスは、純粋に道具的な相互の関わり合いという上述した状態の中に人間を見出しているわけではなく、発見法的根拠からこのような状態に立ち返っているのである。ホッブスは、実質的な財を巡る競争と並び、万人の万人に対する闘争の実質的根拠として社会的地位の承認を巡る闘争を知っていた。すなわち、「なぜなら全ての者は、彼が自分自身にするのと同程度に、他人が彼を評価することを重視するからである。そして、侮蔑や過小評価などのあらゆる素振りに出くわすと、侮蔑者には損害によって、その他の者には見せしめによって、強いて、自分をより高く評価させようと自然と努力するからである」[66]と。そのような闘争において前提とされているのは、選好中枢ではなく、自己意識的な主体が振舞うことである。というのも、尊敬された者自身が評価する者の尊敬だけが価値を有するからである。無条件に服従する者の承認は、何の地位ももたらさないのである[67]。羨望、嫉妬、名誉欲、その他ホッブスが葛藤の原因と呼んだものは、純粋道具的な社会では考えられない。ルソーもこれを認めており、そしてかようにして彼は、「少しも同胞を必要としないばかりでなく、彼らを害しようとも望まない」「野蛮な」人間を「森の中で」彷徨わせるのである[68]。

---

itel）によれば、合法性しか規定しないとされる。後者につき、*C. Schmidt*, Der Leviathan in der Staatslehre des Thomas Hobbes, 1982, S. 94 f. を参照されたい。

64） *Hobbes*（Anm. 42）, S. 208（21. Kapital）. ホッブスの言うところの国家では、生命を処分する権利は与えられていない。人がそのような自然権を有する場合、彼はその限りで人格とはならない。とりわけ犯罪を理由に賦課される死刑の場合、関係が道具的なものであることがはっきり示される。すなわち、国家という機械は安全性を生み出すけれども、その際に安全性を害した者は（主権者の自然権に従って）せいぜい事実上この帰結を甘受しなければならないだけであって、国家の法に従ってそうしなければならないわけではない。この問題に関する詳細は、*Dix*, Lebensgefärdung und Verpflichtung bei Hobbes, 1994, S. 94 ff. を参照されたい。

65） Tracatus theologico-politicus, hrsg. Von Gawlick u. a., 1979, S. 475 f.

66） *Hobbes*, Leviathan（Anm. 42）, S. 110（13. Kapital）; Übersetzung von *Euchner* in der Ausgabe von *Fetscher*, 1984, S. 95.

67） *Hegel*, Phänomenologie des Geistes, Ausgabe Glockner, Bd. 2, Neudruck 1951, S. 148 ff., 154 f.

3　人格的コミュニケーション

これまでスケッチしてきた世界は――前段落で触れた例外を除けば――道具的な世界のままであり、選好中枢を知っていても主体を知らないのであり、それに応じて社会的に媒介された主体、つまり人格を知らないのである。このモデルでは（まさにそれゆえに！）客観世界さえ存在しない。確かに、参加者によって多くのことが実際上同じように見られ、そして同じように判断されるが（上述した昼と夜の移り変わりの例を見よ）、このような見方は単なる計算にすぎず、個人の利益状態以外には帰せられえない。そのような世界から先に進まない者も幾人かいるかもしれない。

個人が少なくとも他の個人との関係においてもはや選好だけを中心に据えるのではなく、少なくとも選好に左右されないルールによって定義され、その結果、他人がこのようなルールを引き合いに出すことができるというように、個人が――心理学的に定式化された形で――自らを把握するやいなや、新たな世界が現れる。そのようなルールは、狭い意味での社会規範である。すなわち、その規範が破られる場合、それは、他人が顧慮からまさに解放されていたところの世界形成の選択を意味するのである。

なぜそのような新たな世界に、つまり規範的な予期を伴った世界に至るのかということは、ここでは措いておくこととする。主として関心事であるのは、以下のことである。すなわち、個人は、一人で世界に存在するのではない場合にのみ意味を有するところの何かを企図するということである。それによって、個人は他人を自己と対等なものとして受容し、そして――そうでなければ不可能であろうが――自らの選好の管理に限定されない中心として、つまり「自由であるところの意思」[69] として自己を理解するのである。

主体は、他の主体という輪郭を前にしてのみ自らを把握しうる。というのも、主体は、向かい合う者と同じ論理的根拠から生まれるのであり、換言すれば、他の主体との「間」にある狭義の規範の定義から生まれるからである。ほとんどの場合、主体は１つの規範のところにとどまることはない。主体相互の関係を構成

---

68)　*Rousseau*（Anm. 17), S. 183.
69)　*Hegel*, Rechtsphilosophie（Anm. 5), §§4, 21.

するのは、常に複数の規範なのである。このような諸規範が客観世界である。つまり、その諸規範がコミュニケーションを決定するがゆえに、より詳しく言えば、個人の目下の選好に左右されないがゆえに客観的なのである。

つまるところ、主体は、規範媒介的に他人を把握することで自らを把握するのであるが、その把握という自己連関は、各個人に固有なものなのである。すなわち、他の主体を前にして、主体は規範への拘束によって自らを構成し、そして他人が自ら主体となるためには、その他人固有の自己連関が必要となる。拘束力をもつ世界は、常に現存の規範ないしは現存の諸規範に限定される。そのような限定を受け、諸主体は社会の中で役割の担い手として、つまり人格として現れる。それゆえ、この非道具的なコミュニケーションは人格的コミュニケーションなのである。

もっとも、上述のこと（IV. 3）は——それが素描であることは措くとしても——いっそう精緻化されなければならない。規範の受容を通じた主体の自己連関は精神的な事実として叙述されていたが、それ自体として見れば、これに基づいて社会を構築可能にするにはあまりに偶然的である。このような偶然性は、規範的に克服される。すなわち、いかに個人が自己を把握するのかということも、また個人が自らを主体として把握したかのように現れるのかどうかということも重要ではなく、規範の受容が彼の課題であるというように個人が描写されうるのかどうかということが重要なのである。これは、たとえ規範の公然たる無視を理由にして認知的に既に対処しなければならない場合であっても、そうである可能性がある。例えば、正当防衛によって攻撃者に対処することは、コンフリクトに対して管轄を持つ者として攻撃者を定義することを妨げない（そしてこれを理由にしてのみ、防衛は——比例性ではなく——必要性を通じてのみ制約される）。別の表現で言えば、社会から見れば、およそ人格が人格的コミュニケーションをそれ自体として根拠づけるのではなく、人格的コミュニケーションが諸個人を人格と定義するのである[70]。

70） *Luhmann*, Wissenschaft（Anm. 27), S. 33によれば、「人格は、社会システムというオートポエシスの構造物であり、それ自体として心的システムでもなければ、完全無欠の人間でもない」。人格的コミュニケーションと道具的コミュニケーションの区別のために、決定的なものを連関から引き出すべきではない。というのも、奴隷は人格ではないが（S. 34)、コミュニケーションが排斥されるかどうか（つまり、道具的コミュニケーションがそもそも存在するのかどうか）は不明確なままだからである。コミュニケーション的に構成された人格を、原理的に、主体的意識に対抗する

ここで重要なのは、法の領域である。法は、法における人格として叙述されうる者のために根拠づけられる。心理学的な定式化において完璧な叙述が明らかとなるのは、法における人格についてのカントやヘーゲルの言明が総合されるときである。カントは、規範を通した構成を以下のように定式化した。すなわち、「人格とは、その行為が帰属されうるところの主体である」[71] と。ヘーゲル[72] は相互関係[73] を以下のように定式化した。すなわち、「人格であれ。そして他人を人格として尊重せよ」と。もっとも、人格的コミュニケーションだけが重要であるため、個別の事柄は措いておくこととする。

人格を形成する、その都度の規範の複合体が重要となる。主体は、様々な役割を担うがゆえに、実際のところ常に複数の観点から人格なのである。問題となる人格に一貫性があれば、それだけ主観的なアイデンティティーは成就することになる。もっとも、完全に一貫していることは、進化する能力を欠くことを証明するものであろうし、一貫性を勢いよく破ることは不誠実さの証左であろう。

カードとして出すことは、余計なことであろう。「何が了解として達成されるのかということが、コミュニケーションのプロセスにおいて絶対的に決定される場合」(S. 26)、意識の刺激状態は偶然に委ねられる。とにもかくにも、誰かが既に理解していなければならないか、もしくは理解を装うか、結びつきを強要できるものでなければならない。「意識システムは……社会システムによる解釈を通して社会化される」ということ、そして「コミュニケーション的システムは……（意識についても考えられた）身体的および心理的な観点から人間の固有のダイナミズムを考慮している」ということが、媒介として提案される。*Luhmann*, Aufklärung (Anm. 1), S. 37 ff., 51 f. つまり、コミュニケーションのプロセスは、意識の統一性と複雑性を顧慮すべきものであり、その限りで「絶対的」なものではないのである。

71) *Kant*, Metaphysik der Sitten (Anm. 44), S. 223; dazu *Siep*, in: *ders*., Praktische Philosophie im Deutschen Idealismus, 1992, S. 81 ff., 90 ff.

72) Anm. 29.

73) 一般的な解釈によれば、ヘーゲルは法哲学の中で間主観性を簡潔にしか顧慮していない。そのように説くのは、とりわけ *Theunissen*, in: Heinrich, u. a. (Hrsg.), Hegels Philosophie des Rechts, 1982, S. 317 ff., 358. もっとも、法哲学の命題においては、「自ら意識した意思の一般性においては、当初から相互承認関係が暗に含まれている」ということも読み取れる。*Siep*, (Anm. 71), S. 255 ff., 259; dazu auch *E. Düsing* (Anm. 16), S. 357 ff. 自由なる意思は、「そこではあらゆる制約や個別具体性が止揚されるがゆえに普遍的」なのである（*Hegel* [Anm. 5], §24)。そうでなければ、カントやルソーに対するヘーゲルの批判（Anm. 5, §29）は理解できないままとなってしまう。もっとも、承認関係は、抽象法においては不十分な内容を持つにすぎない（*Theunissen*, a. a. O. S. 345)、換言すれば、「人格性やそこから帰結されるものを侵してはならない」(Anm. §38）という主としてネガティブな内容を持つにすぎないのである。これは、「臣民の本来的義務づけは不作為にのみ及ぶ」というフォイエルバッハの見解と一致する。Lehrbuch des gemeinen in Deutschland gültigen peinlichen Rechts, 11. Aufl., 1832, §24. Siehe auch *Jakobs*, Festschrift für Arthur Kaufmann, 1993, S. 459, 460 mit Fn. 8.

4　二つのコミュニケーション態様の並存

人格的コミュニケーションと道具的コミュニケーションの相違を、社会は余すところなく人格的に到達しなければならないものであると理解することは誤りであろう。社会的な接触は、場面によっては機械的な供給の代用品としてのみ必要であってもよいのである——その場合には、その限りでコミュニケーションは非人格的なものとなりうる。例えば、ホテルでのモーニングコールがフロントの人間によって為されるのか、それとも自動装置によって為されるのかということは、どちらでもよい。また、そのような些細なことだけでなく、経済的なコミュニケーションの大部分も、そしてそもそも日常的なコミュニケーションの大部分やその他多くのことも道具的に進行しているであろう。

同様に、コミュニケーションの諸態様を道徳的に区別しようと意欲することも的外れであろう。道具的コミュニケーションは、場面によっては仮言命法のモラルのみを認めるが[74)]、そのことは考えうる全ての目標にとって十分かもしれない。

二つのコミュニケーション態様のうちのどちらが優越しているのかを決するということは、問題ではない。これら二つの態様が日常生活において密接に絡み合って生じている場合にも、二つがきれいに区分されるということが問題なのである[75)]。というのも、人格的な領域においてのみ狭義の規範的予期が存在し、そこでのみ機械的な情報への接続や機械的情報からの接続が排除されるからである。

---

74)　Oben IV. 2.

75)　ルーマンが共同体思想に別れを告げたことを神話の領域に加える者（*Luhmann*, Soziale Systeme, S. 298 ff.; *ders.*, Gesellschaftsstruktur［Anm.1］, S. 195 ff., 244 f.; *Fuchs*, Die Erreichbarkeit der Gesellschaft, 1992, S. 185 f. und passim）や、社会は主体から構成されえない、もしくは主体「間」に根を下ろすことはない（*Fuchs*, a. a. O., S. 209）というテーゼを受け容れる者も、コミュニケーションの一元的な態様だけが、つまり社会という一元的な態様だけが存在するということを基礎づけられなかった。

現代の挑戦に晒される刑法学の自己理解（コメント）*

Das Selbstverständnis der Strafrechtswissenschaft vor den Herausforderungen der Gegenwart

in: *Albin Eser, Winfried Hassemer, Björn Burkhardt* (Herg.), Die Deutsche Strafrechtswissenschaft vor der Jahrtausendwende Rückbesinnung und Ausblick, 2000, S. 47-56.

学問としての刑法学は、単にある社会の刑法規範を集め外部的な基準によって、つまり「何らかの方法で」整理するばかりでなく、その時代に対するこれらの規範の必然性と限界とを明らかにし、その意味で刑法と時代を一個の概念にまとめるものである。実学としては、刑法学は、二つの異なった社会システムに密接に結びつけられている。ひとつは法律という形態での法の権威を持った確定つまり政治とであり、もうひとつ、かつより強くは法と不法とを区別する作業、つまり法システムそのものとである。かようにして、注釈文献の大部分は、いずれにせよ不整合を取り除いた実務の解釈の蓄積と理解することもできる。これに、刑法学と教育システムとの結合が加わる。それは、研究者および大学教授らの人的連合体の中で制度化され、それ自体としては学問的な営みを目指すものではなく、むしろ、そのような営みにはなるかもしれないが、いずれにしても法実務への関与ができることを目指す教材の洪水をもたらしてきた。付言すれば、これは、それ自体として研究に値する実務家養成と出版の結合である。

相互に結合された学問、政治、法、教育というシステムは、ひとつのカラー映像をなしているのであり、かつそれは、あるひとつの色を多少とも抑え、他の色をそれに反比例して強調することを可能にする。通常、この学問は実定法に重きを置き、かつそれを体系化するという任務を負っており、それゆえに法学は実学であると定義されるのである。すなわち、たとえば、法学は「刑法のカテゴリカルな諸原理[1]」に及ぶものであり、「基礎となる法概念」を引き出さなければな

＊1999年10月のベルリンにおける国際コロキウム「ミレニアム転換を目前にしたドイツ刑法学——その回顧と展望」におけるハッセマー報告に対するコメント

1） *Michael Köhler*, Strafrecht. Allgemeiner Teil, Berlin/Heidelberg/New York1997, S. 7.

らず、かつそれも「演繹的に」であって（！）、しかもそれによって「現に妥当している法の理論」が法学から排除されないようにしなければならない[2]。カテゴリカルな諸原理の代わりに、――柔軟に――「立法者に先行的に与えられ法学が明確化しなければならない構造」とされることもある。その際、国内の立法者は、彼の制定法によって、「理解を促進するための分析の契機」を与えるだけである。このような刑法学の無目的な部分のほかに、一般的な諸認識の移送を通じて、さらには個別事例の批判を通じても行われる、刑法実務の育成がある。その結果、刑法学は、――政治システムのものも法システムのものも含めて――「国家機関のこれ以後の決定」に対して「共同責任」を負うことになる[3]。法学の実務的な側面は、一部では、二つの意味に解されている。ひとつは、法学において法秩序という刑法システムの発展を通じて「平等かつ公正な司法」の基礎を示すものとしてであり、もうひとつは、正しい扱いと正しくない振舞いに関する学を示すものとして、つまり実践哲学の一部としてである[4]。しかし、いずれにせよ、ここでも学問と政治と法は結合する。

実定法の体系化を後回しにする、すなわち、一見すると学問を犠牲にして実務にその可能な進路を示すことだけを志向する刑法実証主義でさえ、――リストのように――この政治のための後見的な作業とは別に、クリミノロギーとペノロギーを刑事政策として、つまり立法批判として措定する[5]。あるいは、――リストのような学問と実務の結合を悪名高いものとみなすビンディングでは――「人類の秩序」の学としての法学のために、同時に、その「悟性」を切望することになる[6]。すなわち、「実定法はすべて成文法に尽きているという錯誤ほど不幸なものはない[7]」と。その結果として、その種の実証主義者もまた、「常に法創造および立法提案という入り口に、法学的な営み（Tat）を見出す[8]」のである。

これをまとめていえば、現代刑法学の自己理解のためには、――すべてがそうだというわけではないし、とくにケルゼンの手法は別にしてだが[9]――政治シ

2） *Köhler* (Fn. 1), S. 8.
3） *Eberhard Schmidhäuser*, Strafrecht, Allgemeiner Teil, 2. Auflage, Berlin 1969, S. 1.
4） *Hans Welzel*, Das Deutsche Strafrecht, 11. Auflage, Berlin 1969, S. 1.
5） *Franz v. Liszt*, Lehrbuch des deutschen Strafrechts, 4. Auflage, Berlin 1891, S. 2.
6） *Karl Binding*, Handbuch des Strafrechts, Leipzig 1885, S. 13.
7） *Binding*, (Fn. 6), S. 11.
8） *Binding*, (Fn. 6), S. 15, Fn. 15.

ステムと法システムとの結合が必要であり、それを基にして、政治と実務は、その固有の堅固さのゆえに、学問の認識に奉仕するのである。学問と教育との結合は自明のことで、それを指摘するだけで足りる。

これらの――経済、政治、法、教育――という４つのシステムのこれまでののどかな調和的結合が現実にもそうなのか、それとも単に事実に反する調和の妄想に基づくものなのかを検討することは、さしあたりどうでもよい。現代の大いなる挑戦、すなわち経済システムの支配とその帰結としてのあらゆる制度の国際化は、いずれにせよ、新しい秩序を不可避のものとするであろう。

中世が大聖堂によって（も）叙述できたように、社会がその目的から自由な学問によって（も）叙述できる時代は終焉を迎えつつある。経済は、知（Wissen）それ自体には重きを置かないのであって、唯一、利用できる知を、それも経済自身のために、つまり国際的に動く経済のために利用可能なものだけを尊重する。そして、年ごとに、あるいはそれより短期間に収支決算をするのが常の経済にとっては、人がある程度短期間に財の安全に関する状態を改善しあるいは維持するにはどうしたらよいか、ということに関する刑法の知識のみが、利用可能なのである。スローガン的に言えば、要求されるのは刑法の効率性である。もっとも、刑法と効率性との関係は、これを財の安全と解するなら、デリケートな問題である。正当性（Rechtlichkeit）と安全とは、決して同じものではないからである。

法における人格は、第一次的には、彼の財の最大限の安全によって特徴づけられるものではなく、義務と権利の担い手として一般に承認されることによって、つまりそれに応じた地位（Status）を示すことによって特徴づけられるのである。これとパラレルに、犯罪は、財侵害によって特徴づけられるものではなく、正当性の侵害によってだけ特徴づけられるのである。未遂の処罰から明らかになるように、犯罪の決定的なメルクマールは規範侵害であって財侵害ではない。そしてこれとパラレルに、刑罰もまた財の安全ないしこれに類するものに関連づけられてはならない。財の安全と犯罪の予防は、刑罰にとって、その機能として一貫させるためには、あまりにも融通無碍な関係にあるからである。むしろ、刑罰は、規範的な意味において犯罪をマージナルなものにするものと解されるべきであり、

9） *Hans Kelsen*, Reine Rechtslehre, 2. Auflage, Wien 1960, S. 1; *Joachim Hruschka*, Kann und sollte die Strafrechtswissenschaft systematisch sein? JZ 1985, 1ff. の方法も見よ。

かつ、それによって社会の規範状態が不変であることを確認するものと解されるべきである。というのも、刑罰は社会のアイデンティティーの、つまり規範状態の確証なのであって、刑罰によってこの——人がそう呼びたいのであれば——刑罰目的は常に達成されるからである。

さて、社会のアイデンティティーを確証するという刑罰の顕在的な機能は、潜在的な機能として動機づけを操縦するということを否定するものではない。繰り返し行われる犯罪のマージナル化と社会形態の確証は、身近に思いつく、あるいは推奨される行為態様のレパートリーの中から、犯罪的な行為態様を排除する。換言すれば、日常普通の行動計画立案の際に、犯罪的な行動をする可能性をさしあたりは考えなくなるのである。これが、いわゆる潜在的な刑罰機能としての積極的一般予防である。加えて、威嚇作用、つまり消極的一般予防およびその他の機能もある。

刑罰の確証作用を予防作用から区別すること、つまり顕在的な機能と潜在的な機能とを区別することは、きわめて重要である。なぜなら、刑罰は、その機能に応じて、異なった名宛人に向けられるべきだからである。確証機能は人格を、つまり、法的な存在として立ち現れるコミュニケーションの関与者を名宛人とする。それもすべてのコミュニケーション関与者を、である。その名宛人に向けては、行為者に対して人格の発展手段（自由、金銭）を奪うことによって加えられる刑罰という苦痛は怯えや哀れみその他の心理的所見を呼び起こすべきものではなく、むしろ、行為者は、ただ、その行為を真似てはいけないという意味の担い手なのである。有罪判決を言い渡すだけで、この意味は表現されている。しかし、犯行は単なる主張以上のものであるのと同じく、すなわち、その主張の客観化でもあるのと同じく、有罪判決もまた、耐久性のあるものとされ、客観化されなければならない。すなわち、刑罰は執行されなければならない。つまり、顕在的機能は人格的コミュニケーションにおいて達成されるのである。そこでは、何が正当で何が不法かを確認することだけが大事だからである。カントは、その名宛人を homo noumenon と名付けるであろう。潜在的機能の場合には、事情は異なる。法への忠誠を習熟させたり、さらには怖がらせたりするのは、人格的な反作用ではない。人格は習熟や威嚇を必要としない。なぜなら、すでに述べたように、人格は法的存在としてのコミュニケーション関与者として立ち現れるからである。習熟や威嚇によって操縦されなければならないのは、それ自体としては法的存在ではない、カントの言葉を借りればhomo phaenomenon、つまり快と不快のバランスによって動く個人である。

危険を意識した社会もまた、刑罰の顕在的な機能によって、つまり規範的アイデンティティーの確証のために刑を量定することができる。その際、前提とされるのは、時間をかければ十分に予防効果があがるということである。もっとも、今日の社会が十分に余裕のある態度を取れるかどうかは問題である。しかし、潜在的機能を常に二番手で走らせるというのも正しくないかもしれない。換言すれば、領域によっては、法治国家的に確定された刑罰では不十分だということである。手短に言えば、以下のようになる。

正当性という状態は法が妥当しているという状態である。この妥当は、それは一種のフィクションだが、規範違反の行動をマージナルなものにすることによって事実に抗してでも貫徹されうるものである。しかし、法的に構成された社会はまったく認知的な裏づけなしに機能するものではない。なぜなら、社会ではヒロイックな人格だけがそのアイデンティティーを確証するのではなく、怖がりの個人もまた生計を立てたいと思っているからである。大多数の市民にとっては、正当性よりも個人的な生計のほうが優先される。そうでなかったなら、独裁というものはありえなかったであろう。死ぬことのできる人物は強制できない。汝殺すなかれという確信に到達するためには、きわめて高い確率で誰も人を殺さないだろうという確信も必要である。しかし、認知的な裏づけを必要とするのは規範ばかりでない。人格もまた、これを必要とする。人格として扱われたいと思う者は、自分が人格として行動するであろうということの認知的な保証を、自らの側で提供しなければならない。この保証がない、あるいは明示的に拒絶されるときには、刑法は、社会の構成員の犯罪に対するその反作用ではなくて、敵に対する反作用に転化する。これは、行き過ぎた措置も含めて何をしても許されるということを、必ずしも意味するものではない。むしろ、敵であっても潜在的な人格性は認められてよいのであって、その結果、それとの闘争の際には必要なものを上回ってはならないのである。もっとも、それは、必要な防衛として常に現実の攻撃に対する反作用を限度とする正当防衛のときよりも常に多くのことを許容するし、他方で、敵味方刑法（Feindstrafrecht）の場合には、すぐ後に示すように、将来の攻撃に対する防衛も問題となるのである。

敵味方刑法は、法治国家的な内部刑法（Binnenstrafrecht）とは異なったルールに従う。そもそもまだ、それ自身は法として立ち現れていないのである。敵味方刑法の典型的な特徴は、以下のようなものである。すなわち、⑴ 可罰性の広範な前倒し、つまり行われた犯罪から行われる前の犯罪に視点を移すこと、たとえば、犯罪結社ないしテロ結社の形成という構成要件（ドイツ刑法129条、129a 条）あるいは麻薬の組織的栽培（麻酔剤法30条１項１号、31条１項１号）が挙げられる。⑵ 可罰性の前倒しに対応した刑の引き下げがないこと、たとえば、テロ結社の首謀者の刑は、謀殺未遂犯の未遂減軽がある場合の刑と同じである（ドイツ刑法129条２項、211条１項、49条１項１号）。それ以外のテロ結社の罪に列挙されている犯罪の未遂減軽による刑は、大幅に引き上げられている。⑶ 刑法の立法から闘争の立法へ、その際、たとえば経済犯罪[10]、テロ犯罪[11]、組織犯罪[12] ばかりでなく、徐々に限界を失いながら、性犯罪その他の危険な犯罪[13] ならびに犯罪一般が闘争の対象となりつつある[14]。⑷ 手続的保障の解体、この場合、接見・面会の禁止（Kontaktsperre、裁判所構成法施行法31条以下）が、この間の最も典型的な古典的事例である。

前倒し、重罰による闘争、手続的保障の制限といった用語によって、国家は、その市民と語るのではなく、その敵を威嚇するのである。その際、誰が敵とみなされるのかという問題が残っている。敵とは、その犯罪傾向が一時的でないか（性犯罪、廃止された刑法20a 条による「危険な」常習犯罪者[15] も）、もしくはその生計が犯罪であるか（経済犯罪、組織犯罪、とりわけ麻薬犯罪も）、または主として組織へのコミットメントによって（テロリズム、組織犯罪、再び麻薬犯罪、すでに古典的な「謀殺共謀」）、つまり、継続的に法から逸脱してきたと推定され、そしてその点で、その人物の潜在的行動の認知的な最低限度の保証がなく、その欠如がその行動によって例証されている個人である。

必ずしもすべてが見当違いというわけではないが、敵の数はたやすく減るものではなく、むしろさらに増えている。国家に同調的な宗教や家族制度による支援

10） 1976年７月29日の第一次経済犯罪対策法 BGBl I S. 2034; 1986年５月15日の第二次経済犯罪対策法 BGBl I S. 721.

11） 1986年12月19日のテロリズム対策法第１条 BGBl I S. 2566.

12） 1992年７月15日の不法な麻薬取引その他の形態の組織犯罪対策法 BGBl I S. 1302.

13） 1998年１月26日の性犯罪その他の危険な犯罪対策法 BGBl I S. 160.

14） 1994年10月28日の犯罪対策法 BGBl I S. 3186.

15） 1969年６月25日の刑法改正法律 BGBl I S. 645により廃止された。

を失い国籍もまた偶然的な性格のものと解されるようになった社会は、個人に対し、法を無視してアイデンティティーを確立する夥しい可能性を開いている。少なくとも、拘束力のもっと強い社会が提供できていたものより多くのものを開いているのである。加えて、いわゆるマルチカルチャーの爆発力がある。—それはまったく無意味なことである。多様な文化は、法的な基盤的共同性に対する単なる添え物であるか——この場合は、ひとつの文化の中の多民族主義である——、あるいは、そしてこれは危険な選択肢なのだが、多様性が構成員のアイデンティティーに刻み込まれるか——、その場合には、共通の法的基盤は並列的な生存のための単なる道具になってしまう。そして、あらゆる道具と同じく、それがもはや使われなくなれば、放棄されるであろう[16]。これを大げさだと評する者は、ジョン・ロックの寛容の手紙を読むといい。

つまり、社会は、——公然とまたは羊の皮をかぶって——その中を流浪する敵を持ち続けるのである。危険を意識した社会は、このような認知的な安全性の欠如という問題性を単純に脇に片付けたりしない。また、社会はこの問題を警察的な手段だけで解決することもできない。ゆえに、敵味方刑法に対しては、今日見受けることのできる対案はないのである。市民刑法でも並列的に重視はできるのだが、認知的な安全性は、敵味方刑法では主たる目標となる。換言すれば、重要なのは、もはや社会内在的な苛立ち（Irritation）に応じた人格の秩序維持ではなく、人々が実際に人格として扱われることができるために必要な認知的な最低限度の保証を提供しないすべての人物を——不適切な表現かもしれないが——冷遇することによって、受忍できる環境的条件を確立することである。たしかに、敵である個人を取り扱う手続きは法によって規制されている。しかし、それは排除の法による規制である。つまり、敵は事実上、人格ではないのである。つまり、観念的に言えば、敵味方刑法は、そこに伏在しているものあるいはその総体が敵の恐れるあらゆることに（も）依存する戦争なのである。それは不快に思えるし、加えて包括的な正当性が不可能なことを前提にしているので、悟性と人格の同置に矛盾する。しかし、何人も保証された法的関係、つまり国家（「市民的立憲体制」）へと強制されてよいとするカントのウルティマ・ラティオ[17]だけでは、そ

16） *John Lock*, Ein Brief über Toleranz, übersetzt von *Julius Ebbinghaus*, Hamburg 1957, insbesondere S. 90/91ff., 94/95f.

17） *Immanuel Kant*, Die Metaphysik der Sitten. Erster Teil. Metaphysische Anfangsgründe der

のように自己を強制しないし隔離もしない、つまり法からみれば攪乱的外界であることに固執する者、つまり敵をどのように扱うべきかという問題は、決して処理できない。市民刑法では犯罪者を法的人格として扱うのだということを断固として主張するために敵味方刑法を定義しかつ市民刑法から区別することは、刑法学にとって今に始まった任務ではない。

これによって、刑法学の自己理解に対する主たる挑戦は明らかにされた。刑法学は、刑法という名のもとに行われていることを区別しなければならない。つまり、敵と闘争する法によって刑法が補完されているということを明言しなければならないのである。刑法学が後者の必然性を承認しようとしないのであれば、それはその非効率性のゆえに、経済の支配する社会によってマージナルなものにされてしまうであろう。刑法学が「刑法」という名のもとに起きていることをすべて同等に取り扱うときには、それはその区別能力とともに、政治に屈服する、つまり自らを放棄することになろう。かようにして、社会の進むべき目標を決定できない刑法学には、せいぜいのところ、叩き込まれた進むべき複数の方向性を列挙するという任務しか残らない。

法の国際化に際しての刑法学の課題も、これと全く同じである。これについては、本稿では、ある部分領域だけを扱う。すなわち、国際法廷による処罰であれ国内裁判所による処罰であれ、人権侵害を理由とした、他国におけるその国の市民に対する刑法によるリアクションという領域である。時間が限られているにもかかわらず存在する多数の問題の中から、ここでは、ある一筋の問題だけを選び出す。すなわち、罪刑法定原則と刑罰目的との関係である。以下で概説する事例においては、行為はその行為地においてその行為時に、行為者がしかるべき蓋然性でその処罰を考慮しなければならなかったという意味において、現実に可罰的なものであったのでなければならないとは、とても言えない状況にある。構成要件が存在しなかったか、あるいはその適用が制限されていたかのいずれかである。罪刑法定原則を骨抜きにするつもりがないのであれば、行為地において行為時にその行為が可罰的でなければならないという原則は規範的に理解されなければならない。すなわち、行為時に行為地において国内法化されていない国際的ルール

Rechtslehre, Akademieausgabe Bd. VI, Berlin 1907, S. 203ff., 256 (= Der Rechtslehre Erster Theil, Erstes Hauptstück, §8).

に依拠したり、その国で人権に親和的に扱われていれば従われていたかもしれない行為地ルールに着目したり、自然法を援用したりするのは、いずれも罪刑法定原則にとって不十分である。いずれの場合にも、現実の妥当は要請された妥当に置き換えられている。

要請がしかるべき根拠を有しておりさえすれば現実の秩序から要請された秩序へと移行するのは問題ないと考えられているのかもしれないが、それによって罪刑法定原則は破壊される。というのも、この原則は常に、行為後に、それを処罰すべきしかるべき理由があるという場合にだけ、必要とされるからである。罪刑法定原則は、――フォイエルバッハの心理主義的な説明[18]から現代[19]に至るまで――現に機能している秩序、現実に存在している形態の社会に反する犯罪に刑罰を限定するという機能を有する。そして、そのためには、犯行前に打ち立てられた要請では足りず、犯行前にコミュニケーションの中で確立されていた規範が問題とされなければならないのである。刑法は、既存の規範的形態を守ることができるだけであり、よりよい時代を開くことはできないのである。

にもかかわらず、はっきりと疑問が抱かれることなく、いたるところで国際刑事裁判所の設置が要求されるとすれば、それは、国家における「刑罰」と自然状態における「刑罰」とによって引き起こされた混交である。前者の国家における刑罰は、逸脱者によって違背され彼の処罰によって確証される既存の秩序を前提とする。後者の自然状態における刑罰は、他人によって期待された秩序に従わない者に対する強制手段である。前者はカテゴーリッシュに科されるが、後者は賢明さ（Klugheit）のルールに従って科される。つまり、行為者が処罰される者としてよりも契約の相手方としてのほうが利用可能であるなら、処罰は放棄される。ここでは、生の便宜主義（Opportunität）、つまり賢明さが支配する。これらすべては、刑法とむき出しの刑罰権力とがカテゴリカルに区別されることを理解しない者、つまり行為者の側面で言えば、既存の秩序からの逸脱を未だ達成されるべき秩序に帰依しないことと混交する者が行っているのである。換言すれば、自然状態での「刑罰」という名の使用は、――ひょっとすると正統化可能かもしれな

18） *Anselm v. Feuerbach*, Lehrbuch des gemeinen in Deutschland gültigen peinlichen Rechts, 11. Auflage, Gießen 1832, §§13ff., 20.

19） *Hans-Ludwig Schreiber*, Gesetz und Richter, Frankfurt am Main 1976, S. 209ff. に包括的な記述がある。

いが――服従させることが問題であるところで（そこから事後に法が生成するかもしれないが）、法形式性（Rechtsförmigkeit）があるように暗示にかけるものである。つまり、それは必然性がないところで必然性があるように見せかけ、未だ証明を要する資格・権限を、すでにあるように見せかける。要するに、それは確立された法とひょっとしたら正統化可能であるかもしれないにすぎない実力とを混交するのである。再度言い換えれば、他人を一定の法状態へと強制するそれなりの根拠はあるかもしれないが[20]、それが行われるまでは、そのような法状態は存在しない[21]。機能的権力独占の前での刑法というのは、単なる名前であって、概念ではない。

しかし、このような疑念にもかかわらず、この傾向は止められない。このような刑罰の混交に至る強烈な刺激が明らかに存在する。その第一に挙げられるべきは、抑圧者に対する被害者の了解可能な復讐要求である。さらに、人権を保護する秩序が優れた秩序であることのデモンストレーションがある。人は、自分が正しいことを確信した場合には、自己の見解を実力で貫徹することができ、頑迷な不信心者を「処罰する」ことができる。さらにほかの刺激もあるかもしれない。以上すべてのことを、刑法学はひとつの構想にまとめなければならないとするであろうが、それは、現実の秩序と要請された秩序との間の断絶の膠着状態のためになされていない。法の刑罰と――必ずしも正統性のないものではないが――力の刑罰（Machtstrafe）とを区別することによって初めて、法学は法学としての自己理解のための発展の条件を獲得するのである。

20） Siehe oben den Text zu Fn. 17.

21） さらなる詳細については、*Günther Jakobs*, Untaten des Staates–Unrecht im Staat, GA 1994, 1ff., 5ff.

市民刑法と敵味方刑法*

Bürgerstrafrecht und Feindstrafrecht

目次

Ⅰ　序——否定の否定としての刑罰なのか保全としての刑罰なのか——

この講演では、市民刑法および敵味方刑法について論じますが、それは２つの理念型であって、純粋な形ではこれまでほとんど存在したことのなかったものです。すなわち、ごくありふれた一般的犯罪に対する有罪判決——つまり市民刑法——にも、将来の危険に対するちょっとした防御——つまり敵味方刑法——が含まれていますし、市民とはほど遠いテロリストでさえ、刑事手続[1]において市民としての被疑者の権利が認められる場合、少なくとも形式的には人格として扱われます。要するに、重要なのは、２つの孤立した刑法領域を対置することではなく、１つの世界の２つの対極を描写すること、あるいは、刑法という１つの意味連関に相対する２つの目的があることを明らかにすることです。その際、これら２つの目指すものは完全にオーバーラップすることもあり得ます。つまり、行

＊2003年11月１日刑法読書会（於：立命館大学）における講演
1）　たとえば接見禁止については、主に後述Ⅳを見よ。

為者を人格として取扱う傾向と危険源として扱う傾向、あるいは他者を威嚇する手段として扱う傾向は、重複することがあり得るのです。これが第1です。

第2に、「敵味方刑法」という名称には必ずしも原理的に侮蔑的な意味を込めてはいないということを、予め申し上げておかなければなりません。たしかに、敵味方刑法は不完全な講和のしるしです。もっとも、それは、必ずしも講和者（市民）に対して無条件に負担を強いるものではないだけでなく、講和しない者（敵）に対しても無条件に負担を強いるものではありません。加えて、敵味方刑法とは、少なくとも正常に行われた態度に対するものであって、無意識的態度や情動的態度に関するものではありません。このことを前提にして、概念の中核部分、つまり、刑罰から話をはじめたいと思います。

刑罰は強制、それも――ここではかいつまんでしか扱えませんが――刑罰と密接に結び付いて交じり合っている多様な種類の強制です。まず強制には、意味の担い手、つまり、犯罪（Tat）に対する応答という役割があります。すなわち、理性ある人格の犯罪行為としての Tat は、規範の不承認、つまり、規範妥当に対する攻撃を意味し、そして刑罰は、（この規範は妥当しないという）行為者の主張は（この社会の）標準にならず、当該規範は変わらず妥当し続けるということ、要するに、社会の（規範的）形態は保持され続けるということを意味します。その限りで、犯罪行為も刑罰強制もシンボリックな相互作用[2]の手段であり、行為者は人格として真摯に受け止められるのです。というのも、彼が人格として無能力であるなら、その犯罪行為は否定されるには及ばないからです。

しかし刑罰は、そうしたものであるだけでなく、物理的にも重大な効果をもたらします。かくして、たとえば拘禁されている者は刑務所の外で罪を犯すことはもはやできません――自由刑執行中は確実な特別予防です。しかし、自由刑がその保安的な効果を持っていなければ、それが比較的重大な犯罪行為に対する通常のリアクションになることは、おそらく、なかったでしょう。そのかぎりで、強制は、何事をも意味するものではなく、むしろ、物理的に作用するのです。すなわち、強制は、法における人格に向けられるのではなく、危険な個人に向けられるということです。これは、自由刑の保安的効果から処分としての保安監置に目を移す場合（ドイツ刑法61条の3、66条）、とりわけ明らかになるといってよいで

2） これについては、*Jakobs*, Norm, Pemson, Gesellschaft, 2. Auflage, 1999, S. 98ff.

しょう。そこでは、視線は、有罪判決が下されるべき犯罪行為のために後ろ（過去）に向けられるだけでなく、「重大な犯罪行為への傾向」が公衆に対して「危険な」効果を及ぼす可能性のある未来のために、前にも、かつ主として前に、向けられるのです（ドイツ刑法61条１項３号、66条）。つまり、本来的に権利を持った人格、すなわち、刑罰によって否定の否定がなされる者に、危険な個人[3]、つまり、――ここでは、処分されるのであって処罰されるのではない――物理的効果を伴う形で対処される者が取ってかわるのです。すなわち、コミュニケーションに危険の克服が、市民刑法に敵味方刑法（ここでは、広い意味での刑法です。すなわち、処分は犯罪行為を前提とします。）が取ってかわるのであり、これら２つの概念においては、後で述べるように、「法」という言葉はまったく別のことを意味するのです。

今日の学術的議論[4]の中に、この問題に関するものはほとんど見出せません。法とは何であり、また、何でありうるかの検討を通じて自身の見解を形成する作業のかわりに、法をどんなところにもあると思って捜し求め、同時に法を直接に保持していると請け合って、法をつねに恭しい調子で宣告する人たちには、何も期待できません。もっとも、最近の哲学は、少なくとも問題に取りかかることを可能とするに足りる教示をしています。

Ⅱ　若干の法哲学的構想

敵との関係が法ではなく強制によって規定されるのに対して、「法」は、それぞれが諸々の権利および義務の担い手である人格相互の結び付きをいいます。ところで、法はすべて強制権限を兼ね備えており[5]、そして、一番峻厳な強制は、

3）“個人”および“人格”概念については、*Jakobs*（Fn. 2）S. 9ff, 29ff.

4）*Jakobs,* ZStW 97 S. 751 ff, 783 f.（本書１頁以下）; *ders.* in: *Eser* u. a.（Hrsg.）, Die Deutsche Strafrechtswissenschaft vor der Jahrtausendwende. Rückbesinnung und Ausblick, 2000, S. 47 ff, 51 ff;（本書73頁以下）それに加えてSchulz ZStW 112 S. 653 ff, 659 ff; が最初である。これに対して、*Eser* 前掲（Die Deutsche Strafrechtswissenschaft）S. 437 ff, 444 f; *Schünemann,* GA2001 S. 205 ff., 210 ff. は反対である。

5）*Kant,* Die Metaphysik der Sitten. Erster Theil. Metaphysische Anfangsgründe der Rechtslehre, in: Kant's Werke, Akademie-Ausgabe, Band 6, 1907, S. 203 ff, 231（Einleitung in die Rechtslehre, § D）.

刑法による強制です。それゆえ、どの刑罰も、ちょうど正当防衛がそうであるように、敵に対して向けられていると主張できるかもしれません。そのような主張は決して新しいものではなく、むしろ著名な哲学にその原型を持つものです。

とりわけ、国家を契約によって厳格に説明する論者たちは、犯罪をかくのごとく描写します。すなわち、犯罪行為者は契約に違反しており、契約の恩恵にそれ以上浴せない、つまり、彼はもはや他人と法的関係に立たない、と。ルソー[6]でも同じように言われています。すなわち、「社会の法」を攻撃するどの「犯罪者」も国家の「構成員」であることを放棄している、なぜなら、犯罪者は彼に下された判決が示すように国家との闘争状態に置かれるからである、と。その結論は次の通りです。「罪人は、市民（citoyen）としてではなく、敵（ennemi）として、殺される」と。同様に、フィヒテも次のように主張しています。「市民契約から絶え間なく逸脱する者は、意思によるにせよ、契約において彼の慎重さが予定されているところでは不注意によるにせよ、市民としての、また人間としてのあらゆる権利を情け容赦なく失い、完全に法的権利をなくすことになる」[7]と。フィヒテは、犯罪者のこのような法の保護を奪われた状態[8]を贖罪契約の構想[9]によって原則的に緩和しますが、このことは「意図的で計画的な謀殺」には妥当しません。この場合、法の保護は失われたままです。「…（有罪）判決が下された者は、物つまり野獣だと宣告されている」[10]のです。さらに、フィヒテは決然として言い放ちます。すなわち、人格としての資質が欠けているために、犯罪者の処刑は「刑罰ではなくて保安手段にすぎない」[11]と。ここでは、詳細には触れません。なぜなら、この簡単なスケッチによって、市民としての地位がどのような条件においても失われ得ないものである必然性はないということは、すでに示されているといってもよいと思われるからです。

私はルソーやフィヒテの構想に従うつもりはありません。というのも、彼らの

6） *Rousseau,* Staat und Gesellschaft. „Contrat Social", 翻訳及び注釈は Weigand, 1959, S. 33（Zweites Buch, 5. Kapitel）.

7） *Fichte,* Grundlage des Naturrechts nach den Prinzipien der Wissenschaftslehre, in: Sämtliche Werke, hrsg. von *J. H Fichte,* Zweite Abtheilung, A. Zurrecht-und Sittenlehre, Erster Band, o. J., S. 260.

8） Fn. 7 と同じ。

9） 前掲（注 7） S. 260 ff. ところで、法の保護を奪われた者、つまり、無権利者との契約？

10）（Fn. 7） S278f.

11）（Fn. 7） S280.

構想は、権利を有する市民を、権利を有さない敵から区別する点で、あまりに抽象的だからです。法秩序は原則として犯罪者にも権利を認めなければなりませんし、それも、重なりあった１つの根拠に基づいて認めなければなりません。すなわち、犯罪者は再び社会と折り合いをつける権利を持ちます。また、そのために、彼は人格、つまり市民としての地位を、いずれにせよ権利を持つ形で保持しなければなりません。さらに、犯罪者は損害回復義務を負いますが、この義務も人格性を前提とします。換言すれば、犯罪者は、その犯罪行為によって勝手に社会に別れを告げることはできないのです。

ホッブズはこのことを認めていました。たしかに彼は、いわゆる社会契約論者で（も）ありますが、その本質においては、むしろ制度哲学者です。彼のいう服従契約――それとは別に、同格の、力にものを言わせた服従もありますが！――は、本来的な意味での契約というよりも、むしろ、（未来の）市民たちが国家を彼らの組織化活動の際に攪乱しないことのメタファーとして理解されなければなりません[12]。これを裏書きするように、ホッブズは犯罪者に原則その市民としての役割[13]を安堵します。すなわち、市民はその地位を勝手に放棄できないのです。もっとも、反乱、すなわち、国家に対する犯罪の場合は異なります。「なぜなら、このような犯罪の本質は、闘争状態への逆戻りを意味するような、服従の解約にあるからである[14]。…そして、このような方法で罪を犯す者は、臣民ではなく敵として処罰されるから」[15]です。

ルソーやフィヒテにとっては即自的にどの犯罪者も敵ですが、ホッブズにとっての敵とは、ともかくも体制に逆らう者です。契約モデルを国家権力の根拠づけおよび限界づけの規制的理念として用いたカントは[16]、問題を（フィクションで

12）以下も参照。*Kersting*, Die politische Philosophie des Gesellschaftsvertrags, 1994, S. 95:「根本契約とは、それによって学問的認識に到達できるよう、政策的・経験的知識がつぎこまれるべきカテゴリーである。すなわち、政策的に理解可能となるよう、歴史的で国家の根本に関る出来事が包摂されるべき、説明概念である。」–*Ders.*, in: *ders.*,（Hrsg.）Thomas Hobbes. Leviathan etc.（Klassiker Auslegen), 1996, S. 211 ff, 213 f.

13）*Hobbes*, Leviathan oder Stoff, Form und Gewalt eines kirchlichen und bürgerlichen Staates, hrsg. von *Fetscher*, übersetzt von *Euchner*, 1984, S. 237 ff（28. Kapitel).

14）（役割の）事実としての廃棄と述べる方が適切であろう。制度は解約できない。

15）*Hbbbes*,（Fn. 13）S. 242（28. Kapitel); *ders.*, Vom Bürger, in: *Gawlick*（Hrsg.), Hobbes, Vom Menschen. Vom Bürger, 1959, S. 233（Kapitel 14, Absatz 22).

16）*Kant*,「理論的には正しいが、実務には向いていない」という決まり文句に関して、in: Werke（Fn. 5）Band 8, S. 273 ff, 297; –更に *Kersting*, Philosophie（Fn. 12）S. 199 ff.

ある）自然状態と国家としての状態との境界域に据えました。カントによれば、所有権の保全を可能とするために、どの人格も他人を市民的憲法体制に服させる権限を持っていなければなりません[17]。このことから、次のような問題が浮上してきます。すなわち、強制に服しない者に対しカントは何と言っているのか、と。彼の論文「恒久平和のために」では、人間に対して敵対的に振舞うことはどんな場合に許されるのかという問題に長い脚注[18]が付されており、そこでは、次のように述べられています。すなわち、「人間もしくは人民が生のままの自然状態で私から（必要な）安全を奪い、実際には何もしていなくても（facto）彼が私の隣にいるという状態によって、しかし、絶え間なく私が脅かされる可能性があるような状態の無法則性（statu iniusto）というまさにそのことによって、すでに私を傷つける場合、私は、彼に対し、私と共通の法則的状態に足を踏み入れるか、私の近隣から立ち去るかのいずれかを強要しうる。」[19]と。要するに、「共通の法則が妥当する状態」において共に生活を営まない者は、立ち去らなければなりません。つまり、彼は追い出される（あるいは保安監置に処される）のであり、いずれにせよ彼を人格として扱う必要はなく、カントがはっきりと書きとめているように[20]、「敵として扱う」[21]ことができるのです。

カントの場合、上で書きとめたように、私を「絶え間なく脅かす」者、つまり、市民の状態に服しない者は、人格として扱われません。ちょうどこれに匹敵するのは、ホッブズによる国家に対する反逆者、つまり、原理によって所与の国家体制を否認する者の脱人格化です。要するに、ホッブズおよびカントは――頑強に

17） *Kant*, (Fn. 5) S. 255 f (1. Theil, 1. Hauptstück, §8).

18） *Kant*, Zum ewigen Frieden. Ein philosophischer Entwurf, in: Werke (Fn. 5) Band 8, S. 341 ff, 349 (2. Abschnitt, 脚注).

19） 前掲（Fn. 18）が、「私をすでに何らかの行動によって傷つけた者」に対してだけ（つねにその場合にだけ）「敵として扱」ってよいということを意味するのであれば、これは「市民法状態」における犯罪に関するものであり、その結果、「敵として」とは、刑法典に依拠した害悪付加を特徴づけるものではあっても、脱人格化を特徴づけるものではないことになる。

20） 前掲（Fn. 18）S. 349.

21） もっともこの発言は、現実化された人格性の文脈依存性（すなわち、相互性）を無視するという虚偽問題に関するカントの立場と矛盾する。Über ein vermeintliches Recht aus Menschenliebe zu lügen, in: Werke (Fn. 5) Band 8 S. 421 ff. 上記に加えて、*Oberer*, in: *Geismann* und *Oberer* (Hrsg.), Kant und das Recht der Lüge, 1986, S. 7 ff; *Pawlik*, Das unerlaubte Verhalten beim Betrug, 1999, S. 89 ff; *Annen*, Das Problem der Wahrhaftigkeit in der Philosophie der deutschen Aufklärung. Ein Beitrag zur Ethik und zum Naturrecht des 18. Jahrhunderts, 1997, S. 97 ff.

法に違反するわけではない人格、つまり、原理的に法を破るのでない人格に対する——市民刑法と、原理的な逸脱者に対する敵味方刑法（の２つが刑法の中にあること—訳者注）を知っているのです。後者は人格としての地位を剥奪し、前者はそれを安堵します。前者、すなわち市民刑法は法であって、それも犯罪者に対しても法であり続けます。なぜなら、犯罪者も人格であり続けるのですから。これに対して、後者、すなわち敵味方刑法は、異なる意味での法です。たしかに、国家は、くり返し罪を犯す人格から自己を保全する法を持っています。保安監置もまた、詰まるところは法制度なのですから。さらにまた、市民は、国家に適切な処分を求める法＝権利、つまり、ホッブズが国家の根拠づけと限界づけに用いた、市民が国家にその安全を求める法＝権利[22]を持っています。つまり、服従の目的は保護[23]なのです。しかし、この法＝権利に、敵、つまり、ホッブズの場合の国事犯、カントの場合の常習犯罪者の権利は含まれていません。それは他人の法＝権利なのです。市民刑法はすべての者の法ですが、敵味方刑法は敵と対立する者の法であり、敵に対してそれは、究極的には戦争にまで至る物理的強制でしかありません。この強制は、２つの点で制限される場合もあります。第１に、国家は敵をあらゆる法＝権利から締め出さなければならないわけではありません。たとえば、保安監置処分を受けている者も、物の所有者としてのその役割は、否定されません。第２に、国家は自身が自由にできることのすべてを行わなければならないわけではありません。そうではなくて、とりわけ後の平和条約締結の可能性を遮断しないよう、自己抑制することもできるのです。しかしこのことによって、敵に対する措置は強制にすぎないものであるという結論が変わるわけではありません。市民刑法は規範妥当を維持し、敵味方刑法（広い意味では、処分法が含まれます。）は危険と闘争します。もっとも、数多くの中間形態があることも確かですが。

22）　基本的には *Isensee*, Das Grundrecht auf Sicherheit. Zu den Schutzpflichten des freiheitlichen Verfassungsstaates, 1983.

23）　服従の目的は保護である。*Hobbes*,（Fn. 13）S. 171（21. Kapitel）; *ders.*,（Fn. 15）S. 132 f（Kapitel 6 Abs. 3）.

III 現実的な人格性と事実的な危険性

さらに問題にしなければならないのは、次の点でしょう。つまり、なぜ、ホッブズおよびカントはすでに述べたような区別をするのか、という点です。その答えは、次のような形のテーゼで表現されるといわれます。すなわち、いかなる規範的関係も、そして市民、すなわち法における人格もそうなのですが、それ自体で妥当するものではない、というテーゼです。むしろ人格は、大筋においても社会を決定する存在でなければならず、その場合にだけ人格は現実的なのです。

このテーゼの解説のために、――不適切な表現かもしれませんが――犯罪と刑罰のシークエンスの通常の事例が意味するものについてコメントすることから、始めたいと思います。犯罪はカオス状態において存在するのではなく、実定的秩序の規範の違反としてだけ存在します。このことを、ホッブズ[24]以上に、鮮明に際立たせた人はいません。彼は、自然状態におけるすべての人間に、すべてを要求する自然権を、現代の用語法においてはいわゆる権利（jus）とだけ名付けられるもの、すなわち、そこに他人の義務が対応しておらず、むしろ、規範的には無制限で、個々人の物理的強制によってのみ制限される自由の別名でしかないもの、人が欲し、かつ出来ることだけをしたりしなかったりできる自由の別名でしかないものを認めました。欲し、かつそれをできる者は、他人を些細なきっかけに基づいて撲殺してもよいのです。このことは、ホッブズがはっきりと書きとめているように[25]、彼の自然権であり、犯罪とは無関係です。というのも、自然状態では、拘束力をもって定義された秩序が存在しないので、そのような秩序の規範が破られるということもあり得ないからです。

要するに、ネガはつねにポジを際立たせることでのみ定義されることができ、逆もまたそうである（vice versa）ように、犯罪は秩序づけられた共同体、つまり、国家においてはじめて可能となるのです。その際、犯罪は秩序づけられた共同体の終焉のはじまりとして登場するのではありません。そうではなくて、その動揺として、つまり、修復可能な逸脱としてのみ登場します。説明のために、例

24）（Fn. 13）S. 99ff（14. Kapitel）.
25）*Hobbbes,*（Fn. 13）S. 99（l4. Kapitel）.

を挙げてみましょう。甥が被相続人の死を早めようと、彼の金持ちのおじを撲殺したとします。そのような事件が原因で滅びる国家はありません。さらに、この犯罪は国家の存続に反対するものではありませんし、悪い甥自身が、生命の保護および財産の保護を享受しているような国家の諸制度に、原理的に反対するものでもありません。要するに、彼は明らかに自己矛盾をおかしているのです。換言すれば、誰でもわかるように、彼が在籍しようと選んだ国は存在できない世界、それも、現実に一定の状態において存在できないだけではなく、理論的にも存在できない世界です。つまり、そんな世界は考えられないのです。

それゆえ、ルソーやフィヒテのような厳格な社会契約論者とは異なり、現代の国家は――ここでも私は曖昧な言葉を選択しますが――通常犯罪（Normaltat）の行為者を、殲滅すべき敵とみるのではなく、市民、つまり、その振舞いによって規範妥当を損傷し、それゆえに強制的にではあるけれども、規範妥当損害を回復するために（敵ではなくて）市民として引き出される人格とみるのです。このことは、刑罰を通じて、つまり犯罪行為者の発展手段の除去を通じて、行為者によって違背された期待が堅持されること、つまり、この期待は有効であり、行為者の行動格律は（社会の―訳者注）標準にはならないことが明らかにされることによって行われます[26)]。

もっとも、このように単純明快、そう、まさに牧歌的な――つまり、行為者自身がすでに自己の格律が一貫しないと判断している――のは、犯罪行為者が、犯罪行為はしたけれども、大筋においては市民、すなわち法に誠実に行動する人格として振舞うという担保を提供する場合だけです。規範妥当が事実に抗して完全には徹底され得ないように、人格性も完全に徹底されることはできません。このことを、簡潔に明らかにしましょう。まずは、規範妥当についてです。

規範が社会の形態を規定するとすれば、規範に従った態度が、大筋においては、現実に期待可能でなければなりません。すなわち、人格の計算は、他人が規範に従って振舞い、規範に違反した振舞いをすることはどうやらないであろうということを前提にするものでなければならないということです。少なくとも、ある程度重要な規範に限った場合であっても、他人が規範に忠実であると期待できるということは、それが現実的でありうるためには、一定の認知的保証が必要です。

---

26)　上記Ⅰを見よ。

極端な例でいえば、たとえば、公園で傷害されたり、強盗されたり、ひょっとすると殺されることすらあるかもしれないことを私が真剣に覚悟しなければならない場合には、いずれにせよ（自分は）法の中に存在しているという確信があっても、緊急の場合を除いて、私はそのような公園に赴くという行動はとらないでしょう。十分な認知的安全性がなければ、規範妥当は徐々に腐食し、空虚な約束になります。空虚、なぜならそれは現実の生きた社会の形態にもはや何の効果も及ぼさないからです。理論的には、事実的なものによる規範的なものの保証は、次の指摘によって否定されることもあります。すなわち、存在することが許されないものは、それがおそらく存在するであろう場合にも存在してはなりませんが、人格は権利を所持したいだけではなく、その生命を貫徹すること、要するに、欲求をもつ個人として独力で生計を立てることも望みます[27)]。そして、あってはならないこと（は起きないであろうということ—訳者注）に対する信頼は、あってはならないことが起きることの認識によって根本からひっくり返されない限り、自己の生計を立てるための方向づけに役立つ、という指摘です。それゆえ、カントは主張するのです。だれもが他人に市民的制度に従うことを強制してよい、と[28)]。

同じことは、犯罪行為者の人格性についてもいえます。すなわち、人格性もまた、認知的保証がまったくないまま、純然と事実に抗して維持されることはあり得ません。すなわち、他人が個人、つまり、快と不快にしたがって行動する存在として考慮されるだけでなく、人格として受けとめられる場合、すなわち、法と不法に方向づけられることを前提にすべき場合には、その規範的な期待も大筋において認知によって支えられていなければなりません。このことは、問題にしている規範が重要であればあるほど、ますます明らかになります。

処分としての保安監置の例については、すでに言及しました。数多くのさらなる刑法の規定からは、人格的振舞いの期待が絶えず裏切られる場合には、人格として犯罪者を取扱う用意は縮小されるということが読み取れます。かようにして、立法者は（まずは実体法を対象としますが）——しばしばそう呼ばれるような——闘争の立法に移行します。たとえば、経済犯罪しかり[29)]、テロ犯罪しかり[30)]、組

27） Fn. 3を見よ。

28） Fn. 17と同じ。

29） 第1次経済犯罪の克服に関する法律（1976年7月29日）、BGBlI S2034；第2次経済犯罪の克服に関する法律（1986年5月15日）、BGBl I S. 721.

織犯罪しかり[31]、「性犯罪その他の危険な犯罪」しかり[32]ならびに「犯罪」一般しかり[33]です。そこでは、次のような個々人との闘争が予定されています。すなわち、（たとえば性犯罪における）その内心態度、（たとえば環境犯罪や酩酊犯罪、さらに組織犯罪における）その生業、あるいは（テロ、組織犯罪、刑法30条の重罪の共謀における）組織への加入によって、おそらく持続的に、少なくとも明らかに法に違背してきたような、要するに、人格としての取り扱いに必要とされる認知的な最小限の担保を提供していない個々人です。こうした犯罪に対する法のリアクションは、「市民的状態と自然状態との区別」というすでに述べたカントの考えとちょうど同じように、規範妥当の損害の回復ではなく危険の除去が何よりも重要とされる点に、その特徴があります。つまり、可罰性は予備段階に広範囲に前倒しされ、刑罰は、過去の犯罪の処罰ではなく、将来の犯行の予防とみなされます。要約すれば、立法者の考えは次のようなものです。すなわち、他人が「私を（無法則の）状態（statu iniusto）で傷つけ、それによって私が絶え間なく彼に脅かされている」[34]というものです。さらに、次のようにも定式化できます。すなわち、市民の状態にない個人は、人格という概念の恩恵に浴することができない、と。要するに、自然状態とはまさに規範のない状態、すなわち、過度に自由で過度に闘争的な状態のことなのです。闘いの勝者は何が規範なのかを決定し、敗者はその決定に屈しなければならないのです。

以上のことがまだよくわからないとお思いの方には、2001年９月11日の犯罪を指摘することですぐさまご理解いただけると思います。日常的な犯罪者の場合には依然として自明であること、すなわち、彼を危険な個人としてではなく、間違った行動をする人格として扱うことは、すでに示したように、傾向犯や組織の中に身を置く行為者の場合、そもそも困難になり、彼のくり返される無秩序な態度に由来する危険に対応することの必要性が、前面に出てきます。そして、テロリストの場合には、ここでは法秩序の正統性を根本的に否認し、それゆえ秩序を破壊することを熱望している人がテロリストとみなされますが、人格としての取

30）　テロの克服に関する法律（1986年12月19日）BGBl I S. 2566. 第１条。

31）　違法な麻薬取引およびそれ以外の組織犯罪形態の克服に関する法律（1999年７月15）, BGBl I S. 1302.

32）　性犯罪およびその他の危険な犯罪の克服に関する法律（1998年１月26日）, BGBl I S. 160.

33）　犯罪克服法（1994年10月28日）、BGBlI S. 3186.

34）　*Kant* Fn. 18.

扱いは終了します。ところで、謀殺その他を企てるテロリストも、それらの行為は犯罪であると宣言している各国の刑法により、処罰されるべき犯罪者として描写され得ることに、疑いはないといえましょう。犯罪は、それがラディカルな目的によって大々的に行われた場合でも、やはり犯罪です。しかし、大いに問われるべきは、犯罪というカテゴリーだけに強く固執することによって、一般に人格的に振る舞うであろうという期待をまさに正当化することのないテロリストに対してはまったく不適切であるような拘束――つまり、ともかくも犯罪者を人格として尊重することの必要性――が国家に課されているのではないのかということです。言い換えるならば、敵を市民である犯罪者という概念に位置づける者は、「戦争」と「刑事手続」という概念が混じり合っても不思議に思うことはない、ということです。さらに別の形で定式化すれば、市民刑法からその法治国家的な特性――激情の抑制、単なる予備にはリアクションせずに外化した行為にだけリアクションすること[35)]、刑事手続における犯罪者の人格性への配慮その他――を、つまり、市民刑法からそういった特性を奪いたくない者は、破滅したくないのであれば、テロリストに対してしなければならないことに別の名前を、つまり敵（味方）刑法という名をつけるべきです。これは、控えめな戦争なのです。

要するに、刑法の諸規定には２つの極ないし２つの相対する傾向があるのです。すなわち、第１に、市民を相手にするもの。その際には、社会の規範的な形態を確証するために、刑法は、市民がその行為を外化するまで待って、介入することになります。そして第２に、敵を相手にするもの。敵は広く前段階で待ち受けられ、その危険性ゆえに闘争されます。第１のタイプの例には、単独正犯としては、直接に構成要件実現の着手があった場合にはじめて可罰的になる故殺者（ドイツ刑法22条、212条）の扱いが当たるでしょうし、第２のタイプの例には、テロ結社の首謀者や（通常存在するであろう）背後者の扱いが当たるでしょう。彼らには、未遂の故殺者に比べてごくわずかしか軽くない刑[36)]が、結社を創設したりその中で活動したりしただけで（ドイツ刑法129条 a）、つまり、場合によっては――多かれ少なかれ漠然と――予測される犯罪[37)]の何年も前に、科せられるのです。これは、事物の本質上は、「刑罰」という名の先取りされた保安監置といっても

35） *Jakobs*, ZStW 97（Fn. 4）S. 751ff.

36） ５年以上15年以下の代わりに、３年以上15年以下となる。§§30, 212, 49 StGB.

37） 関与の未遂に関して §30 StGB, 以下のⅤ参照。

よいでしょう。

Ⅳ　刑事手続法のスケッチ

刑事訴訟法にもこの対極化は見いだせます。その試みは、すぐに思い浮かびます。つまり、これは自明のことなのです。これをより詳しく述べることはこの場ではできませんが、ともかく概略は述べておこうと思います。一方では、被疑者・被告人は訴訟の一翼を担う人格であり、通常は「訴訟主体」と呼ばれます。この点こそが、まさに改革された刑事訴訟を糾問訴訟から区別するものです。たとえば、法律上の審問を受ける権利や証拠調請求権、審問立会権や、とくに、供述の際に許されない形で欺罔されたり、強制されたり、誘惑されたりすることのない権利（ドイツ刑法136a 条）を挙げることができます[38)]。

他方では、この人格の訴訟主体としての側面[39)]に対して、さまざまな純然たる強制、とりわけ未決拘禁（ドイツ刑事訴訟法112条、112a 条）が存在します。保安監置とおなじように、未決拘禁も被疑者に対して何事かを意味するものではなく、被疑者・被告人に相対する物理的な強制に尽きます。このことは、被疑者・被告人が訴訟に列席しなければならないからではありません。――容疑をかけられた人格も訴訟に参加します。それも、理性・分別を理由として――そうではなくて、被疑者・被告人は拘禁を手段として出廷を強制されるからなのです。この強制は、法における人格に対して向けられているのではなく――法における人格は、証拠隠滅もしませんし、逃亡もしません――、その衝動と恐怖とによって正規の訴訟手続にとって危険であり、その限りで敵として振舞う個人に対して向けられています。たとえば、採血（ドイツ刑事訴訟法81条 a）などのような侵襲を強制する場合や、その実施の際には被疑者は何も知らない監視措置の場合も同じです。すなわち、これらの措置は、被疑者が知らない限りでのみ機能するものであ

---

38)　被疑者・被告人の権利のより徹底したリストアップは、*Roxin*, Strafverfahrensrecht, 25. Auflage, 1998, §18が提供している。

39)　人格の地位の帰結としての協力義務の諸条件に関しては、基本的に *Pawlik*, GA 1998 S. 378 ff. が包括的な根拠を挙げている。ロクシン（Fn. 38）は、「手続を甘受すること」の必要性を強制に位置づける。しかし、それには反対すべきである。すなわち、手続きは、それ自体、相互に人格的な扱いを通して状況を清算するための手段なのである。

るために、いずれにせよ、被疑者には知らせないものとされています。たとえば、通信傍受（ドイツ刑事訴訟法100a条）その他の秘密捜査（ドイツ刑事訴訟法100c条）や秘密捜査官の投入（ドイツ刑事訴訟法110a条）を挙げることができます。実体的な敵味方刑法の場合と同じように、ここでもまた、以下のことが妥当します。すなわち、そのような措置は法の外で行われるわけではありませんが、処分によって干渉される限りで、被疑者は彼らの権利から締め出されているのです。すなわち、国家は、法的に整備されたやり方で権利を廃棄しているのです。

実体法の場合と同じように、極端な敵味方刑事訴訟の規定はテロの危険の処理に照準を合わせていますが、これについては、接見禁止、要するに、被拘禁者とその弁護人との接触可能性が人格の生命、身体あるいは自由に対する危険回避のために廃棄されていることを指摘すれば十分でしょう（ドイツ裁判所構成法施行法31条以下）。もっともこれは、実定法によって規定されている極端な場合でしかありません。正規の刑事訴訟を超えたところで起こる可能性のあることは、2001年９月11日の犯罪以来、広く世界に知られています。たしかに、執行との区別が欠如しているがゆえに、司法手続の様式ではなく完全に戦争の様式だと呼ぶことができる手続において、自国の領域内でこれらの犯罪が行われた国家は、他の諸国、つまり、その国の領域ではこれまでは（もっとも、あくまでこれまでは、ですが）そのような犯罪が起きたことのない国々の支援を得て、テロリストの資源を破壊し、テロリスト自身を捕らえようとしています。むしろ、ただちに彼らを殺害しようとしていると述べたほうがいいでしょう。その際、罪のない人々の殺害も、副次的損害（Kollateralschaden）と呼ばれますが、甘受されています。捕虜の二重の意味を持った法的地位——犯罪者か、戦争捕虜か？——は、これが戦争を手段とした犯罪訴追であることを明らかにしています。

V　混交——敵である市民？——

国家は犯罪者に対して２種類の態度をとることが可能です。すなわち、国家は、彼らを、罪を犯した市民、すなわち過ちを犯した人格とみるか、あるいは、強制によって法秩序の破壊を止めさせなければならない個人とみるかのいずれかです。双方の見方は、それぞれその正しい適用場所を持っていますが、同時にこのことは、どちらも間違った場所で用いられることがある、ということを意味します。

すでに述べたように、人格性は、それが規範的な構成物であるだけでは、現実的ではありません。人格に向けられた期待が大筋において充たされる場合に、はじめて現実的になるのです。たしかに、人格は事実に抗する場合も人格だとみなされることができますが、必ずしもずっとそうだというわけではありませんし、優れてそうであるだけでもないのです。人格的に振舞うことの十分な認知的担保を提供しない人は、人格として扱われることを期待できないというだけではなく、国家は彼をもはや人格として扱ってはならないということです。そうでないと、国家は他の人格のもつ安全を求める権利を侵害することになるからです。つまり、ここでは、敵味方刑法と呼ばれるものを危険な悪者に仕立て上げることは、完全な誤りであるかもしれないのです。そうすることでは、市民的制度に服さない個人をどのように取扱うべきかという問題は、解決されません。すでに述べたように、カントは、彼らの分離を要求しますが、このことは、まさに、人はその敵から身を守らなければならないということにほかならないのです[40]。

他方で、どのような犯罪者も原理的に法秩序の敵対者だというわけではありません。それゆえ、この間にほとんど見渡すことができなくなってきたほどに多くの敵味方刑法の目指すところとその各部品を刑法全体に導入することは、法治国家的視点からすれば、有害です。この点は、重罪の予備に関する例[41]が明らかにするでしょう。すなわち、1851年のプロイセン刑法典および1871年のライヒ刑法典は、独立の重罪予備の処罰を予定していませんでした。社会制度の世俗化のための国家の闘争である文化闘争において、一人の外国人（ベルギー人 Duchesne）が外国教会の高位聖職者（ベルギーのイエズス会管区長およびパリの大司教）に対し、大金と引き換えにドイツ帝国宰相（ビスマルク）を暗殺してやろうと申し出た後に、その種の最も重大な重罪の予備は、３月以上５年以下の軽懲役、それ以外の重罪の予備の場合は２年以下の軽懲役に処する規定（1876年改正ライヒ刑法典49a 条、16条）が導入されました。――この規定は、その法定刑の軽さからみて、明らかに、敵がどのくらい危険になりうるのかということではなく、行為者がそれまでに攻撃したもの、つまり、公共の安全に焦点を合わせたものです。

40）*Kant* Fn. 18.

41）ドイツ刑法30条の歴史については、以下のものを見よ。LK-*Roxin*（*Jähnke* u. a., Hrsg., StGB. Leipziger Kommentar. Großkommentar, 11. Auflage, 16. Lieferung, 1994）§30 vor Rdn. 1.

1943年（！）、この規定は（他でもなくこの規定は）、次のような形で一層厳しくなりました。すなわち、その法定刑は計画された犯罪の法定刑と結び付けられたのです。つまり、公共の安全性に対する犯罪であったものが、それによって本物の予備の処罰に改変されたのであり、そして、この改変は、今日までずっと維持されています。つまり、結び付けられたのは、行為にまだ表れていない（表動されていない）、計画されたにすぎない態度、すなわち、現実の規範妥当損害ではなくて未来の犯罪[42]、換言すれば、アクチュアルな規範妥当損害のかわりに将来の損害の危険なのです。これが、敵味方刑法的規定なのです。テロリスト——原理的な敵対者——の場合には適切となりうること、すなわち、現実化した規範妥当損害に着目するのではなく危険の重大さに着目することが、ここでは、たとえば単純強盗など、重罪に関するすべての計画に転用されます。このような過剰な——過大な法定刑の根拠付けが欠けている——敵味方刑法は、法治国家にとっては、すでに言及した接見禁止の場合よりも有害です。というのも、後者の場合、テロリスト——だと推定される人物——だけが人格として扱われないのですが、前者の場合、テクニカルな意味における重罪のどの正犯者も教唆者も人格としては扱われず（ドイツ刑法12条1項、30条）、その結果、市民刑法の相当の部分に敵味方刑法が浸透することになるからです。

Ⅵ　抗事実的人格化——人格としての敵——

この講演は、以下の思考プロセスが加えられないうちは、完全とはいえないでしょう。すなわち、すでに示したように、人格的に振舞うことに対する十分な認知的担保を提供する人だけが人格です。これは、どのような規範性も、それが現実的であるためには、認知的保証を必要とするという認識の結論です。法秩序そのものも例外ではありません。すなわち、それが大筋において貫徹している場合にだけ、机上の空論より以上の、つまり現実的な妥当性を持つのです。もっとも、こうした考え方に対して、今日よく知られている次のような見解が存在します。つまり、世界中のどこでも、基本的人権の侵害は甘受されてはならないという形

42）*Jakobs*, ZStW 97（Fn. 4）S. 752.

で、法的拘束力のある最小限の秩序が存在しており、同時に、そのような侵害に対しては、むしろ、介入と刑罰で応えられるべきである、というものです。ハーグにおけるユーゴスラビア戦犯法廷、ローマ規程[43]および国際刑法典[44]はこのような見解の帰結です。国際的な刑事裁判権および国内的な刑事裁判権について確立されたことをもっと厳密に見ると、刑罰は規範妥当の保持の手段から規範妥当の根拠付けの手段へと変貌していることが明らかになります。このことは必ずしも不適切なものではありませんが、このこと自体は指摘されなければなりませんし、理論的に消化されなければなりません。そして、この課題を解決するためのささやかな試みは、以下のような形で講じられるかもしれません。

基本的人権の甚だしい侵害は、周知のとおり、地球上のさまざまな場所で生じます。もっとも、通常、人権侵害が生じるのは、その人権が、大筋において社会に浸透しているという意味では、それまで確立されていなかったからです。というのも、そうでなければ、散発的な人権侵害はこれらの場所においても確立された秩序の撹乱として理解され、よその土地の裁判権を必要としなくても、処罰されていたはずだからです。つまり、犯罪の行われた場所ですくなくとも犯罪者がラディカルに侵害し、かつ無視しても問題のなかった人権の、グローバルな妥当性を主張しているのは、——おもに西側の——いくつかの諸国なのです。だから、犯罪者の側は、常に、彼によって計画された態度に対して、その行為を禁止する規範が妥当していたことを否認します。なぜなら、そうでなければ、彼は犯行を挙行することなどできなかったからです。それゆえ、いずれの場合にも——世界のどこかにおける人権侵害の場合も国内における犯罪行為の基本事例と同様に——行為者は禁止規範を攻撃しているのであり、それによって害される規範妥当は、刑罰を通じてその不可侵性を確証されるように見えます。しかし、このように両者を等しく扱うなら、本質的な相違が見過ごされてしまうでしょう。

国家内での犯罪の基本事例では大筋において確立されている秩序が、個々の事件の中で無視されます。国家による権力独占はすでに存在しており、犯罪者はその下に行為前からいます。カントはこのことを次のように定式化しました。「共通の法則の状態」において「当局」は犯罪者に対してもその被害者に対しても

---

43)　BT Drucksache 14/2682 S. 9 ff.

44)　2002年6月26日の国際刑法典施行法（BGBl I S. 2254）1条。

「強制力」を有する[45]、と。それゆえ、これは、犯罪者に対する被害者の規範的期待のために国家が十分な安全を提供することが確信できる状態であり、その結果、それにもかかわらずなされた犯罪は、認知的には考慮される必要のない特殊なものとみられ、行為者への帰属とその処罰によって中和されることができるのです。法が現実に妥当している状態では、つまり、まさに機能国家においては、それでよいのです。

人権のグローバルな妥当に関しては、事情は異なります。法が世界規模で現実的に妥当している状態になっている、などということはできません。そうではなくて、法妥当を現実化せよという要請があるにすぎないのです。この要請には十分な根拠があるかもしれませんが、しかし、民法上の請求権が、それが十分な根拠を持ちうるというだけで充足されるわけではないのと同じように、それだけで現実化するものではありません。換言すれば、その限りで、ここで問題となっているのは、すでにある「共通の法則を有する状態」を維持することではなくて、むしろ、「共通の法則を有する状態」を確立することだということです。「市民的法則性」の状態が確立する以前の状態は自然状態であり、そこには人格性はまったくありませんし、いずれにせよ安全を保障された人格性は存在しません。したがって、自分に対しても人格であることの十分な担保をまったく提供することのない人権侵害者に対して、「共通の法則を有する」領域を保証するために必要なことは、それ自体として、すべて許されるのです。そしてこれは、直ちに勾留状を発行するため警察を派遣するようなことによってではなく、まず戦争を遂行することによって行われるのです。もっとも、行為者が捕らえられた場合には、まるで失恋から、あるいは類似の市民的な個別的諍いから生じた故殺と同じように、刑法および刑事訴訟法へ移行します。つまり、人権の普遍的妥当性というフィクションを維持することができるように、行為者は人格であると宣言されるのです。秩序を創設する際のこのような強制を、秩序を維持するための法と区別するほうが、むしろ、公正なのではないでしょうか。すなわち、「市民」ミロシェヴィッチ（Milošewić）は、彼に裁判を受けさせるその社会の出身ではないのであって、それは、「市民」カペー（としてフランス革命で処刑されたルイ16世—訳者注）の場合と同じです。当然ながら、私は普遍的に妥当する人権というものに反対してい

45） Fn. 18と同じ。

るわけではありません。しかし、人権の確立とその保障とはともかく違うのです。それが「共通の法則」である世界憲法（Weltverfassung）の創設に役立つ場合は、人権侵害者は処罰されてよいでしょう。ただ、それらは罪のある人格に対する刑罰ではなく、危険な敵に対する刑罰なのです。そして、それゆえに、本質的にはこのように呼ぶ方がよいのです。すなわち、Feindstrafrecht と。

Ⅶ　まとめ

1．市民刑法の場合、刑罰の明らかな機能は否定の否定であり、敵味方刑法の場合は、危険の除去です。それぞれの理念型は、純然とした形ではほとんど実在したことのないものですが、どちらの理念型も正当に存在し得ます。

2．厳格な社会契約論の主張する自然法に関しては、各々の犯罪者はそれ自体として敵です（ルソー、フィヒテ）。しかし、規範的期待の名宛人を保持するためには、原理的ではない逸脱者に市民の地位を安堵することが優先されます（ホッブズ、カント）。

3．原理的な逸脱者は、人格的な振舞いをするいかなる保証も提供しないがゆえに、市民として扱われることはできず、敵として攻撃されなければなりません。この闘争は市民の合法的な権利、それも市民がその安全を求める権利の結果として生じます。しかしそれは、刑罰とは別のものですし、被処罰者の権利でもありません。むしろ敵を取り除くというものです。

4．実体法上の相対立する傾向——否定の否定対危険の除去——は、手続法についても完全に当てはまります。

5．明確に輪郭づけられた敵味方刑法は、法治国家的には、すべての刑法を敵味方刑法的な規定と混ぜ合わせたものよりも、危険の少ないものです。

6．政治上の大変革の後に続く人権侵害の国際的または国内での処罰は、敵味方刑法的な特徴を持ちますが、そのような理由だけで不当とされることはありません。

社会的損害？
――刑法理論上の基本問題に関するコメント――

Sozialschaden-Bemerkungen zu einem strafrechtstheoretischen Fundamentalproblem

in: Festschrift für Knut Amelung zum 70. Geburtstag, 2009 S. 37-49.

目次

Ⅰ　社会の保護 対 法益の保護

新しい視野を開拓した20世紀後半の刑法理論に関する数少ないモノグラフィーの中で、アーメルンクの著作『法益保護と社会の保護』は、確固たる地歩を占めている[1]。彼の――辛辣な部分を含む――法益保護理論[2]に対する批判に賛同することができない者でも、この理論のすべてのヴァリエーションに関する、その刑法的、刑法理論的、哲学的、そして――なかんずく――政治的なルーツおよび含意にまでわたる微に入り細を穿った検討が、これまでせいぜいのところ稀にしか到達されなかった水準にまで理論を発展させたことは、承認せざるを得ない。かくして、アーメルンクの業績は、今日、法益論の歴史に関して、まさに古典と

1）正式なタイトルは、Rechtsgüterschutz und Schutz der Gesellschaft. Untersuchungen zum Inhalt und zum Anwendungsbereich eines Strafrechtsprinzips auf dogmengeschichtlicher Grundlage. Zugleich ein Beitrag zur Lehre von der „Sozialschädlichkeit" des Verbrechens, 1972. – このテーマに関するアーメルンクによるこれ以外の著作として、Der Einfluss des süddeutschen Neukantianismus auf die Lehre vom Rechtsgüterschutz im deutschen Strafrecht, in: *Alexy* u. a. (Hrsg.), Neukantianismus und Rechtsphilosophie, 2002, S. 363ff.; *ders.*, Der Begriff des Rechtsguts in der Lehre vom strafrechtlichen Rechtsgüterschutz, in: *Hefendehl* u. a. (Hrsg.), Die Rechtsgutstheorie, 2003, S. 155ff.

2）その手短な要約は、*Amelung*, Rechtsgüerschutz（前掲脚注１）, S. 350.

みなされるのである。

しかし、これまでのところ、(歴史と批判に関する第1部と第2部の後の)「社会侵害性理論の概略」と題する最後の第3部には、さほどの注目[3]も賛同[4]も得られていなかった[5]。アーメルンクは、パーソンズおよび初期ルーマンのシステム論に従い[6]、ある「行為態様は、それが(社会の――筆者注)システムを社会の存立問題に持続的に焦点を合わせることにとって有害である場合に、社会侵害的である[7]」とする。どうしてアーメルンクは、人格からではなく社会システムから始めるのだろうか。彼は答える。「刑法が人間の共存の諸条件を担保すべきであるなら、考察は必然的に、人格をではなく社会を、その出発点としなければならない。[8]」と。

これは、政治的には正しくないように聞こえる。――そのように述べる者は、容易に、次のような非難にさらされる。すなわち、彼は「すでに克服されたと信じられている『法とは民族にとって有益なものである。』というシニカルなスローガンへの危険な接近をしている。」という非難である[9]。――もちろん、アーメルンクはそのことを分かっている。ゆえに、彼は、これは政治的な言明ではなく記述的な言明であると明言する。すなわち、システム論は、それがシステムの存立条件を――「独裁」、「ギャング団」――と名付けるとき[10]、それを正統化しているわけではなく、ゆえに、「ある制度」は、「それが倫理的に正当(richtig)な場合に」だけ「正統(legitim)なのである」と[11]。さらに、個人の価値を、

3) しかし、ハッセマーの ZStW 87,(1975), 151ff. の詳細な書評やロクシンの総論教科書 Strafrecht Allgemeiner Teil, Bd. 1, 4. Auflage 2006, 2/116の叙述を参照されたい。ロースの徹底した批判的叙述(Zur Rechtsgutslehre im Strafrecht. O. J., S. 26ff., 30ff. und passim)は、残念ながら、原稿でしか存在しない。――短いながら――ロースの Zum Rechtsgut der Bestechungsdelikte, in: *Stratenwerth* u. a. (Hrsg.), FS Welzel, 1974, S. 879ff., 887ff. も参照されたい。

4) 賛成しているのは、とりわけ *Schall*, Die Schutzfunktion der Strafbestimmung gegen Hausfriedensbruch, 1974.

5) *Amelung*, Rechtsgüterschutz(前掲脚注1), S. 330ff., 本書の6分の1を超えない部分である。

6) これを振り返るものとして、*Amelung*, Der frühe Uuhmann und das Gesellschaftsbild bundesrepublikanischer Juristen, FS Lüderssen, 2002, S. 7ff.

7) *Amelung*, Rechtsgüterschutz(前掲脚注1), S. 387.

8) *Amelung*, Rechtsgüterschutz(前掲脚注1), S. 390, schon S. 364.

9) *Hirsch*, in: *Jähnke* u. a. (Hrsg.), Leipziger Kommentar zum Strafgesetzbuch, 11. Auflage, Bd. 2, 1992-2003, vor § 32 Rn. 182a, Fn. 381, もっとも、私の書いたものについて。

10) *Amelung*, Rechtsgüterschutz(前掲脚注1), S. 363.

11) 前掲注10。

必然的にではないが、ひょっとすると共同体（民族！）から引き出す可能性のある有機体理論（Organismustheorie）とは反対に、「社会システムの理論は、…個人と共同体との分離の産物であ[12]」り、個人は社会の構成員ないし部分ではなく、その環境であって[13]、社会は、個人の中に何の地位も持たないのであるから、個人の価値を引き上げも引き下げもしえない、と。

このような立場は、そのときどきの共存という基本的な組織化問題の解決を安定させるだけである[14]。そうでなければ、相対主義の荒野である。すなわち、「システム論からは社会学的な自然法は引き出せないように、それは…何が、過去・現在・未来の社会における共存にとって具体的に有害であるのかを確定する社会侵害性という『自然的な』概念を根拠づけることもできない。[15]」と。アーメルンクは、そのような概念の探求からも離脱することを考えている。なぜなら、「構造の基礎決定」を提供するのは「憲法」、それも、ドイツ連邦共和国の憲法だからである[16]。

アーメルンクは、その社会における方法と個人における方法との対比をやりすぎない理由を三つ挙げている。第１は、社会の「利益」と個人のそれとは直接に「オーバーラップ」しうること、第２は、発展した社会では、個々人によりよい「生き延びるチャンス」が与えられること、第３かつ中心的なものは、多様な「相互作用プロセス」は、「基本権の制度化を伴う高度に分化した社会システム」では、強制によるよりも、「コミュニケーションチャンスの高度化」によるほうが、よりよく操縦できることである[17]。換言すれば、社会を保護すれば、個人の保護は十分に図れるということである。

「社会の現実（Realität）をその種に特有の現実として」把握しようとするアーメルンクの試み[18]に対する時流にかなった反対者となっているのは、M. マルクス[19]とハッセマー[20]である。彼らは、社会ではなくて個が、刑法の機能に関

12）前掲注10。
13）前掲注10。
14）*Amelung*, Rechtsgüterschutz（前掲脚注１）, S. 368.
15）前掲注14。
16）*Amelung*, Rechtsgüterschutz（前掲脚注１）, S. 363 Fn. 67, S. 369 und öfter.
17）*Amelung*, Rechtsgüterschutz（前掲脚注１）, S. 391.
18）*Amelung*, Rechtsgüterschutz（前掲脚注１）, S. 350.
19）*M. Marx*, Zur Definition des Begriffs „Rechtsgut“, 1972.
20）*Hassemer*, Theorie und Soziologie des Verbrechens. Ansätze zu einer praxisorientierten

する考察の出発点とならなければならないと主張して譲らない。これ以上ない明快さで、マルクスはつぎのように定式化する。すなわち、法益（それは――アーメルンクの理解と異なり――確固たる概念を構成するとされる。）とは、「人間がその自由な自己実現のために必要とする対象である[21]」と。そしてハッセマーは、あらゆる法益は、それ自体として、つまり法の財として、承認されるために、「個人から機能化されなければならない[22]」のである、と。もっとも、その際、人格は「社会的に」把握され、その外部的自由は「間主観的」なものである[23]。

M. マルクスは、その人格を、国家は人間の自由を保障しなければならないという内容を伴う国家目的論[24]から展開する。もっとも、その際彼は、隠者のように生存する人間を表象するのではなく、――アルトゥール・カウフマン[25]に従い――「社会的個人性[26]」を備えた人間を表象する。それが具体的に何を意味するかは、M. マルクスは、未解決にしており、「歴史性の次元」としての生活事情の変遷を指摘するだけである[27]。

これに対してハッセマーは、その人格をもっと強く*社会に*方向づけて、すなわち、「社会的な価値経験」や、あるいは「規範的了解」をも持ち出して根拠づける[28]。それによれば、「個人的利益に関する機能を持たない普遍的法益は、…基

Rechtsgutslehre, 1973（dazu *Amelung*, ZStW 87［1975］, 132ff.）; *Hassemer / Neumann*, in: *Kindhäuser* u. a.（Hrsg.）, Nomos Kommentar zum Strafgesetzbuch. Bd. 1, 2. Auflage, 2005, vor §1 Rn. 108ff.; *Hassemer*, Darf es Straftaten geben, die ein strafrechtliches Rechtsgut nicht in Mitleidenschaft ziehen? In: *Hefendehl*（前掲脚注１）, S. 57ff. しかし、この論争を本稿で包括的に再掲することはできない。これまでのところ、その中では、以下のものを参照されたい。*Günther*, Die Person der personalen Rechtsgutslehre, in: *Neumann* u. a.（Hrsg.）, „Personale Rechtsguslehre" und „Opferorientierung im Strafrecht", 2007, S. 15ff.; *Neumann*, „Alternativen: keine", - Zur neueren Kritik an der personalen Rechtsgutslehre, in: *Neumann* u. a., 前掲 S. 85ff.

21）*M. Marx*（前掲注19）, S. 62.

22）*Hassemer*（前掲注20）, S. 233; これとほぼ同じ言葉で、*ders.*, in: *Hefendehl* u. a.（前掲注１）, S. 57; *ders.*, FS Androulakis, 2003, S. 207ff., 213.

23）*Hassemer*, nach Gaede / Mühlbauer, Sitzungsbericht, in: *Hefendehl*（前掲注１）, S. 297. ハッセマーは、自説を *Kahlo*, in: *Hefendehl*（前掲注１）, S. 26ff., 28に関連付けて、法益とは「『人格の外部的な自由存在を可能にし、ゆえに価値に満ちた関係的現実であって、その現実性は、間主観的な行為（社会的実践）を通じて構築される』」ものであると述べている。「間主観的な根拠の空間への加担者」としての法益人格の構築については、*Günther*（前掲注20）,S. 15ff., 29ff., 34.

24）*M. Marx*（前掲注19）, S. 25ff.

25）*A. Kaufmann*, Das Schuldprinzip, 1961, S. 102.

26）*M. Marx*（前掲注19）, S. 43, 51.

27）M. *Marx*（前掲注19）, S. 46, auch S. 62.

本法に方向づけられた社会的価値経験と調和しえない」とされる[29]。これが「人格的法益論[30]」である。ここでは、個人的な気まぐれや個人の「財」総体の保護が問題なのではないことを、ハッセマーはよくわかっている。――「その意義が紛争当事者の領域を超えるものでないような紛争は、典型的に、刑法にとって重要でない。[31]」――むしろ、重要なのは、その侵害が「特別な*社会的*意義を有する」紛争を呼び起こす法益だけである[32]。ハッセマーはまた、まったくもって非合理的な「社会的価値経験」の可能性をも承認し、それを合理的に脇に片付けようとするのではなく、むしろ、部分的には非合理的な社会は、自己を完全には合理的に管理できないことを、事実として確認する[33]。

その立場はいかに異なろうとも、アーメルンクもハッセマーも、非規範的な、むしろ現実性に方向づけられた*社会*モデルから出発している。規範性は、（アーメルンクでは）今や妥当している憲法を介して、あるいは（ハッセマーでは）「社会的価値経験」を介して流入するだけである。これに対して、M. マルクスは、*社会*モデルにおよそ立ち入ることなく、規範的な*国家*モデル、すなわち自由の保障人としての国家を用いて作業をしている。そのような立場は、今日、一部では国家を根拠づける「社会契約」に国家哲学的に訴えることによって、最もよく普及しているものである[34]。この方法では、法益とは「*個人の*自由な発展、その基本権の実現およびこの目標表象に基づいた国家システムの機能化のために必要な…すべての所与性および目標設定[35]」となる。これによれば、――とりわけ――モラルおよび倫理の維持[36]、たとえばソドミー（獣姦）のような単なる品の悪い

28）*Hassemer*, Theorie（前掲注20）, S. 233, auch S. 25ff., 151ff., 221ff. und öfter.

29）*Hassemer*, Theorie（前掲注20）, S. 231ff., 233.

30）*Hassemer*, / Neumann, in: NK-StGB（前掲注20）, vor § 1 Rn. 132; 最近では、*Günther*（前掲注20）, S. 37ff.

31）*Hassemer*, Theorie（前掲注20）, S. 233.

32）*Hassemer*, Theorie（前掲注20）, S. 232（斜字体による強調は、オリジナルにはない。）; *Günther*（前掲注20）, S. 38f.

33）*Hassemer*, Theorie（前掲注20）, S. 241ff.; その点でほとんど同旨なのは、*Amelung*, ZStW 87 (1975), 131, 137.

34）*Schünemann*, in: *Hefendehl*（前掲注１）, S. 133ff., 137ff.; さらに、*Hefendehl*, Kollektive Rechtsgüter im Strafrecht, 2002, S. 61ff.; *Roxin*（前掲注３）, 2 / 8 mit Fn. 22, 2/31, 50 und andere mehr. ルドルフィーの FS Hönig, 1970, S. 151ff., 164は、社会契約を憲法への遡求に委ねる。

35）*Roxin*（前掲注3）, 2 / 7（斜字体による強調は、オリジナルにはない。）.

36）*Roxin*（前掲注）, 2 / 17ff. しかし、倫理的にめちゃくちゃな環境の中でそれ自体として支えのない個人の「発展」とは何を意味するのであろうか。これについては、*Loos*, Rechtsgutslehre（前掲

行為の禁止[37]、脅迫感からの保護を例外とする他人の感情の保護[38]、自傷の阻止および自傷幇助[39]、単なるタブー[40]あるいは「握持することのできない抽象性[41]」の客体の保護は、すべて法益保護ではない。

II　個人一元的（還元的）な法益論に対する批判

「共同体の中で生活することができない者、あるいは、自給自足しているために共同体を必要としない者は、国家の構成員ではなく、したがって、獣か神のいずれかである[42]」。もっとも、これまでスケッチしてきた個人還元的な法益論は、共同体存在にではなく、個人にこだわる。個人の発展は、明らかに、世界の究極目的とならなければならないのである。このような――本来的な意味において――主である個人は、個人還元的な法益論のどのようなヴァリエーションによっても、獣でも準獣でもなく、また神でもないのであるから[43]、ここに引用した金言をやり過ごす道を探らなければならない。そして、そのような軟弱化された共同性は、M. マルクスでは、アルミン・カウフマンの（もっとも、あまり正確ではないのだが）「社会的個人性」に求められ、ハッセマーにあっては「社会的に」把握されるべき人格によって、シューネマンまたはロクシンでは社会契約という形相を再度活性化することによって方向を定められる。そのような道の通行可能性を、社会哲学上最も できのよい概念である社会契約を素材にして、検討してみよう。

注3), S. 45.

37) *Roxin*（前掲注３), 2 / 20ff.

38) *Roxin*（前掲注３), 2 / 26ff.

39) *Roxin*（前掲注３), 2 / 32ff.

40) *Roxin*（前掲注３), 2 / 43ff.

41) *Roxin*（前掲注３), 2 / 46ff.

42) *Aristoteles*, Politik, *Rolfes*, 4. Auflage, 1980, S. 5 (I. 2.) 訳。ほぼ同じ文言で（ただし、「国家の」を「国民の」に置き換えて）*Hegel*, Über die wissenschaftlichen Behandlungsarten des Naturrechts, seine Stelle in der praktischen Philosophie und sein Verhältnis zu den positive Rechtswissenschaften, 1802, in: *Moldenhauser* u. a. (Hrsg.), G. W. F. Hegel, Werke, Bd. 2, S. 434ff., 505.

43) それに対して、「神々」に必要なのは、お互いではなく、彼らの生贄となる人間である。*Himmelmann*, Der Alltag der Götter, 2003, Teil I.

たとえばカントの場合がそうであるように[44]、社会契約とは、歴史的事実ではなく、規制的理念である。しかし、そのような理念もまた、それ自体として一貫していなければならない。すなわち、それは契約締結のすべての条件と含意を備えていなければならず、仮定的なものに置き換えられるのは歴史的事実だけである。したがって、契約を締結する個々人は、契約締結のために必要な教育を受けているものと考えられなければならない。そしてまた、契約の非契約的諸条件も存在していなければならない。

第1の条件（十分な教育）に関しては、個人がそれを単なる個人として獲得してしまっているということはあり得ず、彼がそれを獲得したのは少なくとも*社会化*（！）のプロセスのおかげでもあることは、手に取るように明らかであろう。仮に——そんなことはほとんどあり得ないとしても、個人存在からの論証が*原理的に*誤りであることを証明することが大事なので——この社会化が全く国家の共同作用を受けずに大家族の中で行われ、かつ、それがすべての個人に当てはまるとしてみよう。このような状況では、根拠づけられるべき国家の中で個人の発展の条件を大家族の存続条件よりも上位に置くべき何らの契機も存在しないであろう。また、そのようにして社会化された主体がそもそも個人として把握され、個人の発展条件をそのように上位に置くという考えに至ることもまた、ほとんど想像できない。なぜなら、このように個人を上位に置くなら、もしそれが実際に行われるとすれば、それ以上の社会化の過程は廃棄（Aufheben）されてしまい、社会の終焉にまで行き着くからである。すなわち、個々人は、社会化の条件を自ら使い切ってしまうのである。このことは誤りであることが証明されたのではないだろうか。否、社会の欠如は、それ自体としては矛盾ではない。しかし、これまで存続してきた社会は、*そのようには*組織され得ないことは明らかであろう。換言すれば、すべての法益を個々人から機能化しようとする者は、その際、社会の安定条件が彼の手から滑り落ちることになっても、驚くべきではないのであり[45]、

44） *Kant*, Über den Gemeinspruch: Das mag in der Theorie richtig sein, taugt aber nicht für die Praxis, in: *Weischedel* (Hrsg.), Immanuel Kant, Werke in sechs Bänden, Bd. VI, 1964, S. 125ff., 153 (A 249).

45） 問題の現実性を明らかにするためには、不十分な刑法上の環境保護を指摘すれば十分であろう。シューネマンが、今日生きている個々人ではなくて「人類の生き残り」が「最も高い価値」を構成すると指摘するとき（GA 1995, S. 201ff., 206）、法益保護と社会の保護との間の相違は用語法的な周辺問題に縮小する。

そして、反対に社会が安定しているのであれば、それは理性という策略が個々人からの完全な機能化を妨げてきたからである。

次に、契約のこれ以外の非契約的諸条件に移ろう。すでにヒュームでは、「約束は人間の考案したものであって、…それは社会の必要ないし利益に基づくものである。[46)]」より正確にいえば、それは社会の発展である。合意は遵守されるべきである（Pacta sunt servanda）という格言は、個々人から根拠づけることはできない。なぜなら、そのためには「拘束的な意思は…昨日の意思[47)]」だからである。とりわけデュルケームが明らかにしたように[48)]、たとえば給付が時間的に置き換えてなされたほうが有利となりうるという理由で、社会的な分業に基づいて、まずもって限られた領域で、現物契約的な給付交換ではもはや十分でないときにのみ、拘束に至りうるのである。そして、そこから、任意の対象に関する無形式の契約の拘束に至るまでには、さらに長い道のりを要する。デュルケームは言う。「要約すれば、契約は、それだけで自足するものではないと言ってよい。契約は、社会的な淵源をもつ契約の規制のおかげではじめて可能となるのである。契約は、この規制を前提とする。なぜなら、契約（Er[49)]）は、あらかじめ確定されたルールを個別事例に適用するという一般的な機能に比べて、新しいルールを創造する機能を極めて僅かしかもっていないからである。[50)]」と。

つまり、契約とはこの場合、拘束という結果に至るための乗り物にすぎず、そこでは、社会的脈絡が拘束をあらかじめ定めており、そして、たとえば人が、個々人を全体の下位に置く国家には参加しないという不拘束ですら、そのような

46） *Hume*, Ein Traktat über die menschliche Natur, III., Über Moral, übersetzt von *Lipps*, 2. Auflage, 1923, S. 266; dazu *Lahno*, Versprechen. Überlegungen zu einer künstlichen Tugend, 1995, S. 18ff.

47） *Radbruch*, Rechtsphilosophie, 5. Auflage, besorgt von *Erik Wolf*, 1956, S. 245; *Jakobs*, Norm, Person, Gesellschaft, 2. Auflage, 1999, S. 14ff., 20f. und passim.

48） *Durkheim*, Über soziale Arbeitsteilung. Studie über die Organisation höherer Gesellschaften, übersetzt von *L. Schmidt* und *M. Schmidt*, 1988, S. 256ff., 272, 450; *ders.*, Physik der Sitten und des Rechts, übersetzt von *M. Bischoff*, hrsg. Von H.-P. Müller, 1991, S. 237ff., 245; そこでは、「契約は…別の起源を有する基礎的な法的土台を前提とする変異の源である。」と述べられている。これについて、*Gephart*, Gesellschaftstheorie und Recht. Das Recht im soziologischen Diskurs der Moderne, 1993, S. 329ff.; *Kersting*, Die polotische Philosophie des Gesellschaftsvertrags, 1994, S. 39ff.; *Jakobs*, in: Höver（Hrsg.）, Verbindlichkeit unter den Bedingungen der Pluralität, 1999, S. 5ff., 7ff.

49） 原文は、「Es」。

50） *Durkheim*, Arbeitsteilung（前掲注48）, S. 272.

内容の問いに対する答えは契約状況から明らかになるという社会的確信を前提とするのである。社会構造は、個々人がはじめて契約締結者として一貫しているものとみなされうるための基盤である。そして、この社会構造もまた契約の中において絶対的に設定されようとするなら、社会構造はその足下を自ら掘り崩すこととなり内容のないものに堕してしまうであろう。

社会契約を用いた千年もの歴史をもつ論証[51]は、客観的な精神とは独立に形成されたように見える主観的な精神の中にある、その客観的な精神を反映したものであって、そのことを主観的な精神は執行しているだけである。それは、たとえば、永遠の神のかつての統合力が宗教戦争の中で分裂力に変質させられた後に行われた、死すべき神の下への巧妙なる服従（ホッブズ）、市民的自由の編成（ロック）、アンシャン・レジームの終焉に対する集団の中での政治的人格の自由（ルソー）あるいは連帯の標準を通じた供給過剰社会の安定化（ロールズ）といったものである。契約モデルによるなら、公衆は個々人によって形成されるべきものであるが、そのことは長所である。というのも、承認意思が満足されるからである。しかし、社会が固有の法則に従うという事態は、契約モデルにおいては説明できないのであって、説明され得るのは、社会なき社会的存在としての個人的存在という隠し絵にすぎない[52]。

51）これを詳しく概観しているのは *W. Schröder* – Vertrag I – und *Hartung* – Vertrag II – in: *Ritter* u. a. (Hrsg.), Historisches Wörterbuch der Philosophie, Bd. 11, “Vertrag”; *Kersting*, “Vertrag, Gesellschaftsvertrag, Herrschaftsvertrag”, in: *Brunner* u. a. (Hrsg.), Geschichtliche Grundbegriffe, Bd. 6, 1990 (S. 901ff., 914ff.), 詳細なのは、ケルシュティンク、前掲注48。

52）*Jakobs*（前掲注48）, S. 5ff., 27ff.; *Günther*（前掲注20）, S. 24ff. も見よ。この社会なき社会的存在という隠し絵の憲法において対をなものは、アレクシー（Theorie der Grundrechte, 1985, S. 249ff., 290ff.）にいう「幅広い構成要件理論」である。それによれば、「一般的な行為の自由」は、「潜在的には」犯罪行動にも及ぶが、ただちに「柵」によって社会契約の程度に合わせて切り詰められる。すなわち、法＝権利なき法的自由である。しかし、およそすべてに対する万人の権利というものは*考えられない*。なぜなら、それに応じて存在するすべてを受忍するという万人の義務によって、それは打ち消されてしまうからである。ゆえに、そのようなモデルにおいて語られているのは、潜在的な*権利*ではなくて、*無法な*自然状態における事実的な自由である。その詳細は、ホッブズを読めばよい。これを証明してみよう。「窃盗をする」「一応の権利」（S. 297）は、盗まれる物が他人のものであることを、つまり、泥棒の権利の対象でないことを前提とする。あらゆる権利が有する*抽象的な*含意をよく考えないで権利を考え、または、「一応の権利」を想定しようとする者は、権利概念を有していないことは明らかである。これについては、*Jakobs*, ZStW 110 (1998), 716ff., 718f. を見よ。

Ⅲ　社会的損害理論のスケッチ

以上の叙述は、いずれにしてもその契約論的な衣をまとった変異においては、個人還元的法益論[53]が貫徹できないことを指摘したにとどまる。つまり、少なくとも——法益論のレベルにとどまる場合には——真に社会的な法益を承認するべきであろう。すなわち、社会の存続にとっておよそ放棄することのできない社会的および——間接的に——国家的諸制度である[54]。その際、ここでも、自然人の法益と同じように、それらがどの程度まで刑法的保護を必要とするかは未解決のままである。このような二元主義的な、それもいずれの「分枝」においても独立した法益を備えた法益論という方法は、どのような二元主義的な[55]財理論でもそうであるように、社会的財の場合に常に個人的な分枝を視野に入れる必要はないという長所をもっているが[56]、ここでは、社会的損害に関する考察の便宜から、これ以上追究しないこととする。

---

53) この理論は、（自由な人格相互の関係という）その領域に関しては、条件付きで説明力を有しているかもしれない。しかし、そこだけにすぎない。*Stratenwerth*, FS Lenkner, 1998, S. 377ff., 388; *Jakobs*, Strafrecht Allgemeiner Teil., 2. Auflage, 1991, 2 / 24; *ders.*, FS Saito, 2003, deutscher Teil, S. 18ff., 25; 説明力に関してさらに批判的なのは、*Wohlers*, Deliktstypen des Präventionsstrafrechts, 2000, S. 221f.; *Müssig*, Schutz abstracter Rechtsgüter und abstrakter Rechtsgüterschutz, 1994, S. 180ff., 182; *Bacigalupo*, FS Jakobs, 2007, S. 1ff., 14は、「それぞれの時代の社会モデル」が決定的なものであるとする。*Walter*, in: Laufhütte u.a. (Hrsg.), Leipziger Kommentar zum Strafgesetzbuch, Bd. 1, 12. Auflage 2007, vor § 13 Rn. 8ff., 16も見よ。それは、法益は「修辞学的な言い回しの役割しか」果たしていないと述べる。

54) ヘーフェンデール（Rechtsgüter（前掲注34), S. 59ff. und öfter）は、社会が自己意識を持ち教育を受けた個人（主体）に応じて整序されるものではないことを承認していた。個別意識と社会とを構造的に連結しても、刑法が*社会の*催しであり、どこか個々人の「間で」行われるものでないという点に変わりはない。ゆえに、「システム論に従うモデル」からのヘーフェンデールの方向転換は、刑法からその可能な居場所を奪うものである。「社会システム」は「それ自身のために維持されるのではなく、それぞれの社会の中で生きている人間のために維持される」とするロクシンの異議（前掲注３、２ / 110）が失当なことは、さらに明らかである。相当な秩序の中で初めて自己を確立する「人間」は、この秩序に先んじて存在することはできない。たとえば、友情は友人がいるからなのか、それとも友人は友情があるからなのかを問うてみればよい。

55) ひょっとすると、個人、国家、経済の三段階法益論の方がよいのかもしれない。*Jakobs*（前掲注47), S. 119ff. も見よ。

56) すでにこれを指摘していたのは、*Loos*（前掲注３), Rechtsgutslehre, S. 62ff.; 今日において徹底しているのは、*Hefendehl*,（前掲注34）S. 73ff., 378 und öfter; *ders.*, Das Rechtsgut als materialer Angelpunkt einer Strafrechtsreform, in: *ders.*（前掲注１), S. 119ff.

個人が財と評価される（チャンスを含む）何ものかを、単に事実として持っているという状態は、必然的に、*法的には*空疎である。これは、*ホッブズ流の*自然状態である。この状態を法的に充足するためには、事実的所持が法的に所属しているものとして、すなわち——広い意味において、たとえば身体をも含んで——所有物として理解されなければならない。つまり、たとえその所持者が事実としてそれをもはや所持していなくても、他のすべての者が尊重しなければならないものとして理解されなければならない。*カント流に*言えば、知的な所持である。それによって開かれた法状態においては、「何者か」が個人であるか否かは重要でない。むしろ、重要なのは、この「何者か」が権利の所持者であるか否か——最低限*ひとつの*権利を持って何者かがそこに「存在している」か否かということである。そして同時に、たとえその裏返しの内容であるとしても、他の人々の側では、同様に、ひとつの法的存在が根拠づけられることである。個々人についてはもはや語られず、むしろ、権利と義務の所持者としての人格が語られることが、個々人にとって好都合であるか否かは——犯罪の場合、さらには革命の場合、それは幾人かの個々人にとっては明らかに都合のよくないことであるが——、さしあたり未解決のままでよい。なぜなら、法の中では、個々人は問題でないからである。

権利者と義務者との間の関係は、純粋に霊的なものではなく、（人間によって——訳者注）考え出されたものにすぎない。むしろ、最も単純な基本事例においても、権利は*身体*あるいは*物*に対する権利であり、この権利を侵害しないという義務は義務者の*身体*およびその*物*を社会生活上安全な状態で維持するという内容を持つ。しかし、免責的緊急避難の例（特別義務者は免責されないこと——訳者注）が証明するように、身体も物も、法的には*人格*のそれであって、個人のそれではない。人格が（先行行為あるいはその身分を理由として）特別な義務を負っていた場合には[57]、彼は現在の危難を耐え忍ばなければならない。つまり、身体の被造物性を援用して免責してもらうことはできないのである。

ある人格がその社会生活義務を守らず他の人格を侵害した場合には、それは——他の要件が満たされる限り——犯罪であって、それも、まさに他人に対する犯罪なのである。しかし、この紛争が社会的な紛争になるのは、ただ、社会の中

57） 詳細については、*Jakobs*, Strafrecht（前掲注53）, 20 / 12ff.

における その地位のゆえに、その他人がひとつの人格だからである。つまり、この見方は、犯罪を第1に原則として孤立して考えられる他人に対する犯行（Tat）として把握し、第2の思考過程においてはじめて犯罪の社会的な意味を継ぎ足すしかない法益論の場合のそれとは異なる。この構想において存在するのは利益を持った他人ではなく、――広い意味で理解された――所有者、つまり法の中の人格だけであり、ゆえに、犯罪とは他人の何らかの発展手段の奪取ではなく、社会の規範的構造の攪乱なのである。これが、すなわち、アーメルンクが社会的損害と名付けるものなのである[58]。

このように理解された社会的損害は、社会的制度の拘束性に対する能力ある人格の異議申立ての中に存在する。これは、たとえ単なる規範であったとしても、である。「感情保護[59]」の問題およびこれに類する領域をまったく度外視しても、すべての諸制度を*現存する*財に関係づけることは不可能である。なぜなら、実定的な諸制度[60]は、それが確立された場合にはじめて財となるかもしれないものの*確立*を内容とするからである[61]。したがって定式化できるのは、せいぜい、刑法が保障するのは「財」の*存続または確立*であるということにすぎない（その際、そのように語る場合、財の多様な性質は平準化される恐れがある）。たとえば、訴訟行為をせずに事件を公訴時効にかけてしまう検察官は、彼が訴訟行為を義務に反して*確立しなかった*という意味においてのみ、秩序正しい司法を「攪乱した」ことになるのであって、これは、たとえば、先行行為を理由とする義務がありながら*既存の*財の破壊を止めない義務者とは異なっている。

つまり、これはネガティヴな義務の場合には単なる規範保護となるような*制度保護*なのである。このような制度が、そもそも自由自在な内容を持つことができ

58） *Amelung*, Rechtsgüterschutz（前掲注1）, S. 390 und öfter.

59） これについては、*Hörnle*（前掲注1）, in: *Hefendehl*, S. 268ff. mit umfassenden Nachweisen.

60） 基本的なものとして、*Sánchez-Vera*, Pflichtdelikt und Beteiligung, 1999, S. 51ff.

61） *Jakobs*, Strafrecht（前掲注53）, 2 / 17; *ders.*, FS Saito, 2003, S. 18, 21f. – ロクシン（前掲注3、2 /13）は、「その法益としての性格に争いのない司法は、裁判官が意識的に誤判をしたとき、最もひどく侵害される。」という異議を提起する。そのような事例においては、*二重の*不法が存在する。すなわち、正しい判決が下されず誤った判決が下されてしまったことである。しかし、いずれも、当該事件に関して保護に値する司法を何ら「侵害して」いない。それも、そのようなものは存在しないという単純な理由から、そうなのである。もっとも、保護に値する司法は、確立されるべきではある。正しい裁判に取りかかった裁判官が判断を妨げられた、あるいは、すぐには取り換えのきかない裁判所の建物が爆破されもしくは記録が盗まれたといった場合には、司法が「侵害」されたと言ってよいであろう。正当なのは、*Stratenserth*, FS Lenckner, 1998, S. 37ff., 381f., 385f.

るであろうか。すでに*理論的に*、それはあり得ない。なぜなら、諸制度は、その大筋において、互換可能なものでなければならないからである。明らかに相矛盾する方向付けがなされるならば、社会は、矛盾する領域内では成立し得ないのである。*実践的には*、そのような形式的な回答では不十分である。なぜなら、社会は常に一定の歴史的な状況の中で生起するのであって、その形態から法システムは好き勝手に切り離されることはできないからである。リクルゴス時代のスパルタの法システムは、供給過剰社会の法システムとして受け入れることはできないのであって、ヘルンフート派同胞教団（モラビア兄弟団）の内部法は、金採掘者の会社においてはほとんど役に立たないのである。――これは、法益論の支持者にも周知の相対性である[62]。

制度（規範）に対する攻撃を処罰することは、その制度がそれ自体として正統であり[63]、刑罰に対してより侵害的でない機能的等価物が使えない場合にだけ、正統である。（そのためには――訳者注）憲法を指し示すだけでは不十分である。なぜなら、憲法もまた、正統なものであることを証明されなければならないからである[64]。正当であるものは、時代の精神として構成されるのであり（哲学は思想においてこれを把握する）、それも、伝統とされた法文化と結びつき、その増進

62）*M. Marx*（前掲注19），S. 46; *Hassemer*, Theorie（前掲注20），S. 121ff. und öfter; *Roxin*（前掲注３），2／115.

63）社会保護の理論は、私がポジティヴな義務（注60以下の本文を見よ。）のゆえに制度的保護と名付ける規範保護を、決して、それ自体として正統なものと称してはこなかった。*Jakobs*（前掲注53），Strafrecht, S. 2／1; *Amelung*, Rechtsgüterschutz（前掲注１），S. 363; *Müssig*, S. 142, 151 und passim さえ見れば十分である。あわせて、*Wohlers*（前掲注53），S. 47ff., 109, 217, 239も見よ。反対説（*Mir Puig*, GA 2003, S. 863ff., 866, und andere mehr; wohl auch *Seher*, in: *Hefendehl*［前掲注１］, S. 39ff., 41）は、法益保護説がどのような秩序においても*それ自体として*「財」として把握されるものを常に財として扱わなければならない点で、失当である。法益保護説も、法治国家的・自由主義的輪郭を、他の財を除外した一定の財との具体的な関連を通じて初めて獲得するのである。至高の財は、独裁者の命でも、政党の存続でも、神が住む山の静寂でもない。本説の支持者が、法益は*必然的に*主体関連的である、と主張するとき（歴史的には、そうではなかった。*Amelung*, Rechtsgüterschutz（前掲注１），S. 43ff.; *ders.*, in: *Hefendehl*［前掲注１］, S. 155ff.; *Wohlers*［前掲注53］, S. 218ff., 229）、彼らはこの概念をその発展段階のひとつと取り違えているのである。しかし、彼らが*法*益を強調された自由主義的なものとして理解するとき、それは、*法*規範にも、劣らず当てはまる。刑法の中身が「自由主義的」なのは自明のことだと思っている者たちもまた、それを軽々となすことができる。*Roxin*（前掲注１），2／212: *Schünemann*（前掲注34），S. 154; *Hefendehl*, GA 2007, S. 1ff., 2. たしかに、自由は、現代の*ひとつの*目標ではある。しかし、安全および福祉ならびに天然資源の維持もまた、その目標である！

64）*Hassemer*, ZStW 87 (1975), 151, 161.

に配慮する安定した精神として構成されるのである。この、——強調して理解される——現在の現実性に浸透し同時にこれを反映する精神は、法が*現実に規定されたもの*であるべき場合には、無視することはできない[65]。心温まる法政策的要請と対峙しつつ、この精神は冷酷に作用する。なぜなら、これは作ることのできるものに結び付けられているからである。そして、複雑社会の精神としては、その内容は必ずしも単純ではあり得ない。ハッセマーは、彼の言う「社会的価値経験」あるいは「規範的了解[66]」の極めて洗練された展開によって、この精神が、いかにして構成されているかを、もっとも極めて主観的にではあるが、記述していたのである。すなわち、何を見習うべきかは、主体によって決まるのではなく、コミュニケーションによって決まるのである。

このような精神は、いかにして法の内容となるのであろうか。それは多様な方法および態様で行われる。その際、最も重要な方法は、法システムと政治システムのカップリングを介して、つまり、実定的な制定法を介してのものである。政治システムが明らかに優柔不断状態にあるときは、この精神は法システムに写し取られ、そしてその顧慮は制定法の解釈と法の継続形成の際にも、とりわけ憲法解釈として——もっともそれに限らないが——行われる。人格と構造的にカップリングされた個々人は、精神の名において（もっとも、おびただしい非精神もあるが）法に対して革命をすることができる。法の中ではその生計を（これ以上は）立てられない個人は、自己を異なって方向づけるのであり、それによって、法からその現実性を奪い取る。すなわち、このような方法によって、たとえば女性たちを抑圧する諸制度は死滅し、それに相当する規範は廃棄されたのである。——さらにもっとほかの方法を挙げることもできる。

この精神の内容をスケッチすることは、すなわち、政治学の教科書[67]の法に関する章を書くことである。それは本稿では不可能であるが、ひとつの例を挙げ

---

65) *Bacigalupo*, 前掲注53。法と現在の現実性との結び付きを検証し場合によっては法または現実性から遊離した見解をも批判することが、法学の任務である。*Jakobs*, in: *Chr. Engel* (Hrsg.), Das Proprium der Rechtswissenschaft, 2007, S. 103ff., 105f., 133.

66) *Hassemer*, 前掲注28。さらに、*ders.*, ZStW 87 (1975), 151, 157.

67) 公の空間における行為として理解された「政治」。この行為は、それが強制とは相当に異なる場合、行為の時代を貫いて進み時代を反映する精神を伴うものである。このような精神の発展は、固有の「自由性」の意識（前掲注63の反対説）およびわずかばかりの完全に人格関係的な法益の列挙よりももう少し多くのものを前提とする。これに反対するのは、*Hefendehl*, GA 2007, S. 1, 5.

ておこう。近代のひとつの（唯一の？）目標は自由である[68]。それも、政治的共同参画の自由と私的生活形成の自由である。換言すれば、近代においては、自由かつ民主的に組織化された社会が、強制に依拠した社会よりも、その存立問題をよりよく解決できるということである。この、社会に対する自由な組織化の長所が、社会における人格の地位の根拠である。そして、この地位が、これに呼応して、とりわけ、自由には強力な負担軽減的な（人格に対して自由を保障する）機能が備わっているだけになおさら、個人還元的な視座からいくつかのことを、もっともいくつかのことにすぎないが、記述することを許容するのである[69]。

社会の自由主義的に形成された規範的構造は、諸人格が重大な留保がなくても自由に行動し、人が不安定な地形の上ではそうするのが常のような取り消しをしない場合にだけ、現実的なものとなる。人格は、継続的には、個人もまた、その利益を伴って、大筋においてその生計を立てることができるようにしか作用できない。そうでなければ、これは革命され、規範的秩序は——必ずしもその正当性を失うわけではないが、その拘束性を失う。しかしそれは——その現実性、その方向付けを指導する力を失うことである。そうなれば、その秩序は、もはや、現実に生起する社会の構造を構成しない。ゆえに、人格はその作為と不作為の際に、たとえば傷害されたり殺害されたりすることはあってはならないという権利を有するという確信を必要とするばかりでなく、法によって保障された自由を使用することができるという確信、つまり、傷害されたり殺害されたりすることは蓋然的にないという確信をも必要とするのである。抽象的に言えば、純粋規範性としての法は、潜在的被害者に対して何の方向づけも提供しない。むしろ、法は、——その重要性に応じて多様な強度を持つ——認知的な裏付けを必要とする[70]。

本稿でその概略をスケッチしたにすぎないこのような関係は、人格に対する犯罪およびその等級づけの根拠をなすものである。とりわけ、故意の殺人罪に対す

68） *法的には*、*自由*と並んで、部分的にはそれに優越する重さを持った*安全*と*福祉*があることは、制定法の内容から知ることができる。加えて、しだいに、*経済*固有の法則も受け入れられてきた。

69） *Amelung*, Rechtsgüterschutz（前掲注１）, S. 355. この現代の社会状況は影の部分も持っている。すなわち、自由を求める権利に、事前に徹底した教育を受ける義務が対応していない。かくして、自由は単なる享楽と古道具の集積に堕落してしまう。正当にも、*Stratenwerth*, in: *Hefendehl*（前掲注１）, S. 255ff., 258.

70） このことは、人格を含めて、すべての規範的制度に妥当する。これについては、*Jakobs*, HRRS 2006, S. 289ff., 291.

る重い刑罰は、たとえば、それによって社会の中の人口が減少することを理由とするものではない[71]。――人口は、過失致死によっても故意殺によるものに劣らず減少する。――そうではなくて、強力な生命保護がなされる場合にだけ、人格の自由な行動が予期できるからである。このような保護がなければ、――そして同じことが人格に対するすべての犯罪に対して妥当するのだが――人格は、それに与えられていると思われる*役割*を果たさなくなるであろう。

71）しかし、*Amelung*, Rechtsgüterschutz（前掲注１）, S. 386ff., 388f. は、このように述べる。これに対する批判として、*Hassemer*, ZStW 87（1975）, S. 151, 162.

応報の目的
――ヘーゲルの刑罰論に基づく一考察――

Der Zweck der Vergeltung.
Eine Untersuchung anhand der Straftheorie Hegels

in: Argyrios Karras u. a. (Hrsg.), Festschrift für Nikolaos K. Androulakis, 2003, S. 251-269.

目次

Ⅰ　序
――法の概念［法というものの意味：編訳者注］――

「刑罰は（もまた）法的概念である。」このことを正面から否定することはできないであろう。しかし、刑罰は必然的に法に属するのか、それとも、――ひょっとしたら克服することができる――ひとつの発展段階にすぎないのかを疑うことは許されるであろう。刑法の基礎が探求されなければならない重層的かつそのかなりの層で迷宮的な諸問題の描写にアプローチするためには様々なルートがある。

しかし、他のルートに優先して出てくるひとつのルートがある。すなわち、ヘーゲルがすでに法実現の第一の段階、つまり抽象法において法と不法および刑罰との関係を明らかにしたルートであり[1)]、その思考論理的演繹は、今日でも、しばしばこの問題に関する標準的な作法とみなされている[2)]。

法＝権利の侵害は、――たとえわずかであっても――法の実現という段階においてのみ、可能である。すなわち、概念という即自的なものは、侵害不可能である。もっとも、法と不法および刑罰の関係が漠然としたものを超えて区別され得る段階の程度は、予め固定したものではない。本考察では、一方において、多くのものを具体化していくことにとって有用な言説を得るために具体化はほとんど行わない。つまり抽象性を保つ。しかし、他方において、「刑罰は不法に対する反作用である。」（しかし、刑罰とは何で不法とは何かのか？）といった類の空疎な公式を超えるために十分な具体化は行うつもりである。完璧な抽象化は排除される。というのも、完璧に抽象的なのは法という概念だけだからである。ヘーゲル

1） *Hegel*, Grundlinien der Philosophie des Rechts oder Naturrecht und Staatswissenschaft im Grundrisse, *Georg Wilhelm Friedrich Hegel* Werk, hrsg. von *Moldenhauer* und *Michel*s, 1969 ff., Bd. 7, §§82 ff., 90 ff. 特に §97から §101より引用した［いわゆる Suhrkamp 版を引用している。翻訳の際にはヘーゲル全集『法の哲学（上下巻）』（岩波書店、2000年）を主に参照した。なお、Dasein はヘーゲルにおいては、規定された存在や一定の具体的な実在物を意味するため、従来の定訳に従い「定在」と訳しているが、Wille は「意思」と訳している：訳者注］。――［被祝賀者である：訳者注］アンドゥロウラキス（Androulakis）はこのシークエンスを、それも、犯罪の概念からではなく、刑罰の概念から始めるべきだと批判している（ZStW 108, 1996, S. 300 ff., 302; *ders.*, Strafrecht, Allgemeiner Teil. Eine Theorie des Verbrechens, 2000, S. 38 f. ――ギリシャ語について、私の知識はアテナのヴァシオティス（Vathiotis）博士に依拠している）。「犯罪は…刑罰の限界に他ならない」（ZStW 108, S. 331）というのである。もっとも、アンドゥロウラキスは、「特別な否認」の表出として「賦課」される、「スティグマを付与し苦痛を与える取扱い」としての刑罰という彼の理解において（ZStW 108, S. 303, 309）、刑罰による苦痛に意味を与え、それによって、この点では、ヘーゲルの側に（も）立っている（脚注37を見よ）。

2） *Kaiser*, Widerspruch und harte Behandlung. Zur Rechtfertigung von Strafe, 1999, S. 86 ff., 114 ff., 122 ff.; *Klesczewski*, Die Rolle der Strafe in Hegels Theorie der bürgerlichen Gesellschaft. Eine systematische Analyse des Verbrechens- und Strafbegriffs in Hegels Grundlinien der Philosophie des Rechts, 1991, S. 232 ff.; *Lesch*, Der Verbrechensbegriff. Grundlinien einer funktionalen Revision, 1999, S. 75 ff.; *Mohr*, in *Siep* (Hrsg.), G. W. F. Hegel, Grundlinien der Philosophie des Rechts (Klassiker Auslegen Bd. 9), 1997, S. 95 ff., 105 ff.; 部分的に批判している文献として、*Seelmann*, Anerkennungsverlust und Selbstsubsumtion. Hegels Straftheorien, 1995, S. 63 ff., 66 ff.; *Hösle*, Hegels System. Der Idealismus der Subjektivität und das Problem der Intersubjektivität, Bd. 2, Philosophie der Natur und des Geistes, 1988, S. 503 ff.; *Schnädelbach*, Hegels praktische Philosophie. Ein Kommentar der Texte in der Reihenfolge ihrer Entstehung, 2000, S. 213 ff.

の抽象法は、この概念を実現する第一歩である。その実現は、前述したように、法と不法および刑罰との関係をおよそ展開可能なものにするために必要だからである[3]。単なる空疎な公式にならないようにするために、ヘーゲルは、以下で示すように、彼のテキストで証明された発展の歩みが許容するものよりも高い程度の法の現実化を暗黙裡に想定することによって、しばしば曖昧な態度を取っている（すなわち刑罰の前提としての帰属および刑量について。以下のⅡ BおよびC、Ⅵ参照）。たしかに、それに従わなければならないような抽象性の標準というものは存在しない。しかし、ヘーゲルは、その都度それを注記することなく、多様な水準で論証をしているのである。

「哲学的法学」は、ヘーゲルによれば、「法の理念」すなわち「法の概念とその実現」を扱うものである[4]。法という概念を、ヘーゲルは以下のように概説している[5]。すなわち、「およそ定在（Dasein）が自由な意志の定在であること、このことが法である。――したがって、法はそもそも自由であり、理念として存在するのである[6]」と。自由という概念の実現を、ヘーゲルは三つの段階で展開する[7]。第一部では個人性および人格の具体的な生活形式が抽象化される。つまり個人は法における人格としてのみ把握される（抽象法）。第二部ではその特殊性における主体の法に対する請求権が顧慮される（道徳性。これも抽象）。そして第三部では「この二つの抽象的モメントの統一性と真理性」が展開される（人倫。これは「市民社会」を含む）。

3）　*Schnädelbach*（Fn. 2）, S. 213 は、適切にも「法の哲学は不法も扱う」ことにつき説明が必要であるとみなしている。しかし、シュネーデルバッハの見解とは反対に、その説明は、社会はあらゆる法＝権利侵害が回避されない場合には不自由なものとなる（S. 214）ということにあるのではなく――抽象法においては自由の定在については語られるが、自由の保全については語られない――、むしろ、概念が理念に展開するプロセス性（Prozeßhaftigkeit）に存する。すなわち、プロセスにおいては前の段階に戻ることも可能なのである。

4）　（Fn. 1）§1.

5）　（Fn. 1）§29.

6）　理念としての自由は、――もっとも一定の限界内においてであるが――実現された自由として理解されることになる。すなわち、「［理念とは：訳者注］概念と客観性の統一体であり、真理である。」（*Hegel*, Wissenschaft der Logik, 2. Teil（脚注1で挙げた版）, Bd. 6, S. 426 ff., 464.）

7）　（Fn. 1）§33 でまとめられている。

II 人 格

A 権利と義務

人格とは権利と義務の担い手である[8]。その際、権利及び義務の正当性をここで扱うことはできないし、とりわけヘーゲルの自由論的な正当化の根拠づけ[9]——自由な自己意識としての権利能力[10]、自由の定在としての法[11]——は、考慮の外に置いておく。権利は、広義の所有権と名付けられ、占有獲得によって発生する。よりよく言えば、自己を発展させる権利として、それ自体としての身体を含む物に依拠して形成すること[12]によってである[13]。義務は、他の人格の所有権から帰結される。すなわち、ある人格の所有権が他の人格に対してそれを尊重する義務をもたらすように、ある人格に対しても他の人格の所有権が同じ義務をもたらすのである。人格の所有権を通じて、それも所有権それ自体または物の所有権としてのそれを通じて、他の人格は世界の一部の組織化から排除される。そして、このことは、他の人格にとっては、所有権者に自己の所有権を他の人格にとって危険な状態に置くように作為することが禁止されるばかりでなく、さら

8) プロイセン一般ラント法 §1 I 1 を見よ。

9) これについては、*Ritter*, in *Siep* (Fn. 2), S. 55 ff., 61 ff.

10) (Fn. 1) §22 および §23 との関連で §34.

11) (Fn. 1) §40.

12) (Fn. 1) §54 ff.; (Fn. 1) §217. によれば、市民社会では制定法の形式に依拠する——この「モノローグ的な」所有権の根拠づけは批判されている。すなわち、それは「他者が所有権に基づく要求を……承認するよう義務づけられる根拠にならない」というのである (*Ilting*, in *Henrich* und *Horstmann* (Hrsg.), Hegels Philosophie des Rechts. Die Theorie der Rechtsformen und ihre Logik, 1982, S. 225 ff., 233)。これは、ロックに対するルソーによる論難と同一である。「君たちは、どのような権利でもって、我々が君たちに命じなかった労働の報酬を、我々に要求できるのか？」(*Weigend* (Hrsg. und Übers.), *Jean Jaques Rousseau*, Schriften zur Kulturkritik, 2. Auflage, 1971, S. 227 から引用した。——これについては、*Brocker* Arbeit und Eigentum, 1992, S. 381 ff.)。ヘーゲルについてはさらに、*Hösle* (Fn. 2), S. 494; *Theunissen*, in *Henrich* und *Horstmann* aaO., S. 255 ff., 259; *Schnädelbach* (Fn. 2), S. 205. ——ヘーゲルのこの法命令 (Fn. 1, §36) は、とりわけ、「モノローグ的に」他者の物を獲得する可能性がないことが示すように (Fn. 1, §50)、「モノローグ」の間を仲介するだけである。——このような不可能性は、モノローグ的に基礎づけられた所有を「ロビンソンの所有領域［ロビンソン・クルーソーが漂着した島の所有権の問題：訳者注］」としてのみ理解するランダウスの試み (*Landaus*, in *Philipps* u. a. (Hrsg.), Jenseits des Funktionalismus. Arthur Kaufmann zum 65. Geburtstag, 1989, S. 143 ff., 146) にも立ちふさがる。

13) そのポジティヴな義務に対応する権利については、本文ですぐに扱う。

に所有者に対して、彼の作為なくしてもその所有権が結果的に危険な展開をすることを回避するよう命じられる場合に初めて、我慢できるものとなる。たとえば、所有権者は自己の犬を他人にけしかけてはならないばかりでなく（付言すれば、所有者でなくても、犬を他人にけしかけてはならない）、犬が他人に突進する場合には呼び戻しの笛を吹かなければならない。ヘーゲルは、この義務――今日の用語法では組織化管轄から生ずる義務[14]――をネガティヴなものと名付ける。それは、「人格性とそこから帰結するものを侵害してはならない。[15]」という内容のものにすぎないからである。

抽象法においては、ヘーゲルは明らかに、このネガティヴな義務にとどまっている。すなわち、命じられているのは、「その究極的な内容においては禁止を基礎とする[16]」ものだからである。これによるなら、ネガティヴな義務のない法的に秩序づけられた社会というものは考えられないというのは説得的である。この義務がなければ、他者を尊重せよという法的命令[17]は廃棄されてしまうからである。これに対して、ポジティヴな義務、つまり連帯的配慮の義務のない極端に自由主義的な社会というものは、十分に考えられる。ヘーゲルは、ポジティヴな義務を知っている。たとえば、人倫の第一段階では、家族の資源で子供を養育し教育する義務[18]、あるいは国家においては、極めて注目に値するのだが、その領域に配慮するという官吏の義務を、それも、「不履行」が可罰的な不法となり得るという結果を含めて知っているのである[19]。しかし、彼は、抽象法においては、その種の義務を知らないか、または「他者への配慮[20]」という一般的な義務としてしか知らない。ヘーゲルにあっては、ここに人格の物に対する関係から引き出される形成が、自由がその定在を得るルートであって[21]、人格相互を関係づける

14）*Jakobs*, Die Strafrechtliche Zurechnung von Tun und Unterlassen, 1996, S. 19 ff.

15）（Fn. 1）§38. ――詳細な文献として、*Sánchez Vera*, Pflichdelikt und Beteiligung. Zugleich ein Beitrag zur Einheitlichkeit der Zurechnung bei Tun und Unterlassen, 1999, S. 67 ff.

16）（Fn. 1）§38; *Quante*, in *Siep*（Fn. 2）, S. 73 ff., 87 ff.; 批判的な文献として、*Hösle*（Fn. 2）, S. 491.

17）（Fn. 1）§36.

18）（Fn. 1）§174, それどころか子供の権利として、つまり子の有する所有権として公式化されている。

19）（Fn. 1）§294 Anmerkung; この指摘については、ペルドモ（Perdomo）修士に感謝する。

20）（Fn. 1）§38 手書きでの補遺。

21）上述の脚注12を参照されたい。

ことはそれに当たらないので、彼は（他人の所有権に対する尊重に依拠しないあらゆる義務のような）ポジティヴな義務を、抽象法から排除しなければならないのである。別のルート——私の自由の定在の一部としてポジティヴな配慮を請求する権利——は、ここでは追求されない。なぜなら、法＝権利侵害と刑罰との関係にとって、ネガティヴな義務の侵害の場合のそれと異なるような帰結は何も見受けられないからである。というのも、いずれの場合にも、権利者と義務者は、抽象法においては、ただそのようなものとしてのみ、「相互に定在[22)]」だからである。

B　客観的帰属（態度の意味）

もっとも、抽象的な、つまり主体の利益・関心と人格の具体的な生活状態を度外視し、およそ人格一般のみを視野に入れた、この意味において純粋に法的なもの（Rechtlichkeit）によってだけでは、他人の所有権に介入すること、または彼固有の組織化を危険な状態に陥れることが何を意味するのかを、その方法においても決定することはできない。なぜなら、権利の行使が不可能になる場合またはそれが制限される場合に[23)]、それを侵害者のせいだとすることも、あるいはもしかしてその所有権に十分に注意を払っていなかった被害者自身のせいだとすることもできるし、または所有権の衰退を偶然だと宣言することもできるからである（所有者が危険を負担する（casum sentit dominus）。）。たとえば、何者かが私の所有する化学薬品に触って傷害を負った場合、この出来事は誰に帰属されるべきであろうか。所有者としての私にか、あるいは好奇心の強すぎた被害者にか（正確にはどのような場合にか）、それとも、ひょっとしたら被害者に十分に正確な情報を与えなかった第三者にか、等々。出来事の経過それ自体からは、その（社会的に色づけされたのではない）自然的形態においてはそれがいかに詳細に記述されていようとも、行為者が被害者を傷害したのか、それとも被害者が自傷行為をしたのか、あるいは偶然なのかを見て取ることはできない。むしろ、帰属[24)]は社会

---

22)　（Fn. 1）§40 契約についての箇所。この言い回しは、しばしば、抽象法全体の特徴と受け止められている。; *Ritter*（Fn. 9）, S. 67; *Seelmann*, in *Dreier*（Hrsg.）, Philosophie des Rechts und Verfassungstheorie, 2000, S. 125 ff., 131 f., 135 f.

23)　ポジティヴな義務では、権利行使が補助されないことが着目されるべきであろう。

24)　詳細については、*Jakobs*, Strafrecht Allgemeiner Teil. Die Grundlagen und die Zurechnungslehre, 2. Auflage, 1991, 7/35 ff., 51 ff., 56 ff., 125 ff.; 24/13 ff. —この帰属がどの範囲で、客観的に評

的な脈絡に左右されるのであり、同一の出来事が、自由主義社会においては被害者の自傷と宣言されるが、あまり自由主義的でない社会では所有者が負担すべき安全措置の欠如と宣言されるかもしれないのである[25]。

ある人格がどのように行動しているのか、つまり他の人格の権利を侵害しているのかそれとも尊重しているのかは、社会の発展状態に左右される。前述の事例では、市民社会の発展、なかでも危険を意識しかつ危険を分配する社会の発展状態に左右されるのであり、さらに危険分配の際、完全な独立性を基準にするか相互配慮を基準にするか等々に左右されるのである。そして、この依存性は、すぐに連想されるように、法＝権利の概念および人格の概念にも立ち戻ってくる。つまり、法＝権利が法＝権利として存立するのは社会の発展の状態に応じてのみであり、これに応じてのみ、人格は一定の権利および一定の義務の担い手として構成されることができるのである。その限りでは、抽象的には何も形成することはできないのであり、せいぜいのところ、具体的なものをぼんやりした状態で放置するしかない。すなわち、何らかのルールによって、侵害は行為者に帰属されるのだ、と。しかし、「何らかの」客観的帰属というレベルにとどまっていることはできない。それも、「単なる客観的な帰属」にとどまっている、すなわち、ヘーゲル『法哲学綱要』の第二部（前述Ｉの最終段落）である道徳にまで至らないままでいることはできないのである。なぜなら、ある役割の保持者によってなされ得ることに着目するルールを問題とするのか、それとも、およそ人間に可能なことを結合し、さらには偶然の結びつきまで含めて万人にとって運命的な結びつき（単なる等価的因果関係）で足りるとするようなルールを問題とするのかは、この「不法」に対する反作用の意味に影響を与えずにはおかないからである。たとえば、運命に見舞われた者に「世界という構築物にできた亀裂[26]」への（回避

価する人格だけでなく、客観的に基礎になっている事実を探究する人格をも要求するかは（後者について否定的なのは、*Jakobs*, in *Weigend* u. a., Festschrift für Hirsch, 1999, S. 45 ff.）、ここでは未決定のままでよい。というのも、いずれの場合でも、客観的に評価する人格が態度の意味を確定するからである。― *Pawlik*, Das unerlaubte Verhalten beim Betrug, 1999, S. 48 は、適切にも、製造による所有権の基礎づけにおける問題とパラレルなもの（上述の脚注12を見よ）を指摘している。事物の固有の形成それ自体からは、法的には、他者の手によるその破壊からと同様に、ほとんど何の結論も出てこない。

25）　ポジティヴな義務について。どのような危険がどのような手段で対処されるべきかは、常に固定しているわけではなく、さまざまに具体化され得るものである。危険が連帯によって対処されるべき場合、それによって何が十分な保安状態とみなされるかは、まだ決まらない。

不可能な！）関与の罪を負わせるのか、それとも、日常的役割を（主観的には回避不可能なのだが）果たさなかった者が、期待を裏切られた者に憤激を感じさせるのかは、大きな違いである。――ひょっとすると、さらに、主体による違背、すなわち有責な態度に対する反作用が必要かもしれない。その場合には、かつその場合にだけ、反作用は不法な意思に依存するのであり、かつ、主体に向けられた非難と結び付けられることができるのであって、そうでなければそれは不可能である。

C　主観的帰属［≒有責性帰属：編訳者注］

ヘーゲルは、抽象法においては明確な帰属理論を展開せず、むしろ、以下のような理由付けで、これを『法哲学綱要』の第二部である道徳に委ねた。すなわち、「自由もしくは即自的に存在する意思が現実的なものとなり得るのは主体的なものとしての意思においてのみであ[27]」り、他方、「古代の人々」はその「英雄的な自己意識において……所為（Tat）と行為（Handlung）」、つまり客観的な侵害関係と故意のそれとを分けていなかったであろう[28]という理由付けによってである。もっとも、すでに述べたように（前述II B）、「古代の人々」にあっては、運命の負責は――この場合も客観的なものにとどまる――帰属の必然性を変えるものではない（そして、それゆえに、ここでは自然主義的な意味での結果責任も問題にならない）。これについてはさらなる設例を挙げよう。エディプス（彼の運命をヘーゲルは古代の帰属理論の例として挙げる。[29]）がライオスを撲殺したのか、それとも、ライオスが撲殺され得る場所にいたのかは、全く異なることである。また、結果の原因としてはさらに異なるものを挙げることもできる。その産物――ライオスの死体――は、謀殺の罪体でもあるし、致命的な結果を伴った自己危殆化の結果でもあるし、さらにそれ以外のものでもあり得る。すなわち、帰属がなされる場合には、何が重要なのかだけが決定的なのである。

抽象法に明確な帰属理論がないことは、格別驚くべきことではない。なぜなら、この隙間は主観的帰属の黙示の理論によって埋められるからである。すなわち、

26）　*Achter* Geburt der Strafe, 1951, S. 18.

27）　(Fn. 1) §106; これについては、*Lesch* (Fn. 2), S. 110 ff., 116 ff.

28）　(Fn. 1) §118 Anmerkung.

29）　脚注28と同じ。

ヘーゲルは明らかに、すでに抽象法の中で、有責に行為する行為者を前提にしているのである。なぜなら、そうでなければ、「侵害の現実的な存在」を犯罪者の「特殊意思」としたり、あるいは、この「定在する意思」がそれ自身の側で侵害されなければならないとしたり[30]、さらには、理性人の行為は「彼が自己の中にすでに対自的に承認している」法則を打ち立てるものであるから、この侵害は「定在する意思」の中にもすでに設定されているとしたり[31]していることは了解不可能だからである。たしかに、エディプスは、自分の父親は彼の殺害行為に服するべしという「法則」を彼の「定在する意思」において設定し承認したわけではない。むしろ、この法則は彼の意思に関わりなく、運命として課されていたのである。ヘーゲルの刑罰論をどのように理解しようとも、ヘーゲルは、場合によっては意思がなくても刑罰を根拠づけるのではなく、十全に展開された不法意思を理由として根拠づけている。つまり、その限りでヘーゲルは、「抽象法」の中で、彼がまだ詳述してはいない現実化（ここでは道徳）を用いて論証しているのである[32]。

III　犯罪と応報

A　スケッチ

――ヘーゲルによれば――不法の最も重大な事例とされる強制の事例[33]では、

30）（Fn. 1）§30.

31）（Fn. 1）§100.

32）このことは、ヘーゲルの弁証法的な歩み方によっては説明できない（しかし、レッシュはそう見ている。脚注 2，102頁参照）。なぜなら、発展の第一の段階は、複数の可能な（そして歴史的に存在した）不法および刑罰の概念のうちのひとつに限定される必然性はないからである。しかし、帰属の主観化を抽象法において、そこでテーマ化されている所有権者としての人格が有する自由の現実化によって説明しようとするなら、つまり、主体（das Subjekte）を自由という概念の中に含まれているものと考えようとするなら、帰属理論はすべて、抽象法に属することになってしまう。なぜなら、それは自由の発展ではなく、単なるその説明になるからである。

33）（Fn. 1）§§ 90 ff. ――詐欺（Betrug）については §§ 87 ff.; ヘーゲルは、（自ら――不法の意思なき不法（unbefangenes Unrecht）や強制（Zwang）と共に――生み出した三つのステップを好むことと並んで）欺罔（Täuschungen）の刑法上の取り扱いを巡る当時の論争のゆえに（これについては、*Ellmer*, Betrug und Opfermitverantwortung, 1986, S. 22 ff., 54 ff.）、詐欺を既に「現代的に」財産犯として理解しているにもかかわらず、詐欺を強制から区別していた。加えて、ヘーゲルの理解においては、人格の定在は物的に固定されていない諸権利には（つまり、例えば「真実を求

行為者は法＝権利を法＝権利として[34] 侵害する。すなわち、その拘束性を否定するのである。「自由な者によって行われる暴力としての第一の強制は、具体的な意味で自由の定在を、すなわち法＝権利としての法＝権利を侵害する暴力であり、犯罪である[35]」と。このような法＝権利としての法＝権利の侵害は、すでに非意思的な過程とは考えられない。それにもかかわらず、処罰への結合子の最初の定式化は、意思との直接の関係を含んでいない。すなわち、「法＝権利としての法＝権利の侵害は……それ自体において無効である。……その無効性の顕現は、かの侵害の否定が現実存在に現れてくることでもある[36]」と。もっとも、次いでヘーゲルは、意思に特化された定式化を行う。すなわち、「法＝権利、すなわち法律それ自体」は、理性的なものとしてそもそも侵害不可能である。ゆえに、法＝権利侵害は法＝権利概念の変更としては把握できず、その縮小、その理念の縮小として把握され得るのである。理念に対置されるのは「犯罪者の特殊意思」である。すなわち、「ある定在する意思としてのこの意思を侵害することは、…そうしなければ妥当してしまう犯罪の止揚であ」り、これによる「法＝権利の回復」である[37]。

このような――犯罪者の意思の侵害による法の回復という――刑罰論には、さらに刑罰受忍理論が続く。これによれば、刑罰は、それが犯罪者の理性的な意思にも即したものであるがゆえに「彼（犯罪者）の自由の、すなわち彼の法＝権利」であるばかりでなく、それに加えて、「犯罪の者の行為の中に設定された…犯罪者自身に対する法＝権利」でもある。なぜなら、「理性的なものである行

める権利」。これについては、*Pawlik*（Fn. 24), S. 65 ff., 127 ff.）ほとんど依拠できない。

34）（Fn. 1）§95.

35）（Fn. 1）§95. 本文は『大論理学』を参照させながら、次のように続く。「そのような完全な意味における否定的非終局的な判断であり、…これによって…権利能力が…否定されるのである。――これが刑法の領域である。」ヘーゲルは『大論理学』において否定的非終局的な判断を「正しい」（！）けれども「無味乾燥な（abgeschmackt）」判断と規定している。そこでは、「主語と述語についての規定は、消極的な形で結びつけられる。それは、……別様の規定性を含まないだけでなく（このバラは赤くない―著者記す）、その一般的領域も含まないのである。……つまりは、例えば精神は赤くないのである」（Fn. 6, S. 324)。不法との関係でいえば、例えば、物の所有権はその奪取の事実的な障害とはならない。――別様に解するのは、*Kaiser*（Fn. 2), S. 116.

36）（Fn. 1）§97.

37）（Fn. 1）§99. ――ここでも（既に脚注1を見よ）、現実に行われる犯罪者の「厳格な取り扱い」の必然性を消してしまう *Androulakis*, ZStW 108（Fn. 1), S. 314 ff. の見解とパラレルなものが見出せる。そこでは、処遇の甘受から贖罪に至るまでの継続（S. 318）は、抽象法の領域を超えており、ゆえに、ここでは考慮されない。

為」としての犯罪の中には、「ある普遍的なもの」の主張、すなわち（たとえば強制を適用せよという）法則の主張が含まれているのであり、そして犯罪者は、彼が犯罪を通じてこの法則を打ち立てたことによって、これを「自己に対して承認した」のであり、彼がこの法則の下で「彼の法則の下に包摂されるものとして」包摂されてよいのである[38]。

B　評　価

場合によっては精密化をするかもしれないが、その前に、少し停まってこれまでに述べてきたことを批判的に振り返ってみよう。必ずしもすべてが明らかになったわけではない。

⑴ まず、犯罪者の特殊意思を止揚しなければ犯罪が「妥当」してしまうということが確信できない。なぜなら、犯罪は特殊意思にすぎないものとして法に対する規範的な対案ではなく、法の否認にすぎないからである。このことは、ホッブズ流の原始状態におけるあらゆる妥当の止揚という帰結を伴う。たとえば、謀殺を犯した犯罪者は、謀殺する権利があるという内容の法律を打ち立てることはできない。なぜなら、人格の徹底した殺害としての謀殺は、人格を承認せよという法の概念に反するものだからである。「すべてのものを」求める権利というものは存在しない[39]。つまり、犯罪者は規範を主張しているのではなく、規範から逃避しているのである。――法秩序がその名にふさわしい限りで。そしてヘーゲルはそれを前提としていたのだが――刑務所は、対案を出す立法者が住むところではなく、規範に従う必要はないとうぬぼれているか、あるいは法律に従えないほど弱い犯罪者が住むところである。つまり、犯罪が妥当する虞があるのではなくて、せいぜいのところ、規範妥当が終了する虞があるということである[40]。

⑵ 犯罪者の特殊意思がいかにして抽象法になるのか。抽象法にあっては、人格が所有権者であり、かつ他人の人格性と所有権を尊重する限りで、人格の領域が扱われる[41]。もっとも、この［人格という――訳者注］性質においては、特殊意思はおよそその属性に含まれず、むしろ、特殊意思は恣意として抽象法以前に

38）（Fn. 1）§100.

39）*Jakobs*, ZStW 110（1998）, S. 716 ff., 718 f.

40）徹底的に異なる見解として、*Kaiser*（Fn. 2）, S. 119.

41）（Fn. 1）§36.

ある。つまりそれは前人格的なものである。

(3) 刑罰受忍論に関しては、犯罪者は形式的にだけ42) 理性人として行動するのである（そうでなければ、彼の意思は特殊意思にとどまらないであろう）。ゆえに、彼はせいぜいのところ、形式的な法則しか定立できないのであり、他者がこの実質的にどのような点でも欠陥のある法則を適用すべき理由も、他者がこれを適用する場合に、他者が「犯罪者自身に対して」法を適用する理由も知ることはできないのである43)。たしかに、これに対しては形式的にすぎない理性人というのは自己矛盾44) であるという批判を向けてもよいかもしれない。しかし、その際、犯罪者は「理性人として敬意を払われている45)」のではなく、返す刀で仕返しされるのである46)。あらかじめ正当化されていない刑罰が、犯罪者の特殊意思によっていかにして正当化されるというのであろうか。

三つの疑問のうちの最初に（1）で挙げたものは、修復可能な欠陥に関するものである。すなわち、この疑問が出てくるときは、法の妥当と犯罪の妥当が対立しているのではなく、法の妥当と妥当の真空状態との、つまり部分的ないし全体的な原始状態との対立が問題となっているのである。さらに言えば、妥当してい

---

42) *Hegel* (Fn. 1), §100 Anmerkung も見よ。

43) (Fn. 1), §100は、刑罰論あるいは刑罰への応答の正当性の意味におけるその一部として理解されることがほとんどである。肯定的に理解する文献として、*Klesczewski* (Fn. 2), S. 72 ff.; *Kaiser* (Fn. 2), S. 125; *Köhler*, in *Küper* u. a., Festschrift für K. Lackner, 1987, S. 11 ff., 19 u. a. m; 同様に解するが、しかし批判的なのは *Seelmann* (Fn. 2), S. 64 ff., 88 ff.（これについては、*Jakobs*, GA 1996, S. 584 f.; *Pawlik*, Fn. 24, S. 59 mit Fn. 133）である。複数の講義録からは、統一性のない画像が浮かび上がる。すなわち、§100によれば、処罰されなければならないとするもの（*Wannenmann*, in *Ilting* Hrsg., G. W. F. Hegel, Vorlesungen über die Philosophie des Rechts. Die Mitschriften Wannenmann (Heidelberg 1817/18) und Homeyer (Berlin 1818/19), 1983, S. 46)、処罰が許容されなければならないとするもの（*Ringier*, in *Angehrn* u. a., Hrsg., G. W. F. Hegel, Vorlesungen über die Philosophie des Rechts. Berlin 1819/20. Nachgeschrieben von Johann Rudolf Ringier, 2000, S. 47)、あるいは、処罰は行為者の同意によってカバーされなければならないとするもの（*Hotho*, in *Ilting* Hrsg., G. W. F. Hegel, Vorlesungen über Rechtsphilosophie 1818-31, Bd. 3, 1974, S. 315; *Heyse*, in *Schilbach* Hrsg., G. W. F. Hegel, Philosophie des Rechts. Nachschrift der Vorlesung von 1822/23 von Karl Wilhelm Ludwig Heyse, 1999, S. XVI, 3）があるのである。ヘーゲルの論証は、弱いバリエーションの受忍論においてすら、問題のあるものにとどまっている。*Lesch* (Fn. 2), S. 88 も、そのように見ている。すなわち、主観的・形式的な刑罰論に過ぎないと。*Maultzsch*, Jura 2001, S. 85 ff., 88.

44) 「パフォーマンス的矛盾」と呼ぶのは *Seelmann* (Fn. 2), S. 68.

45) (Fn. 1), §100.

46) *Hösle* (Fn. 2), S. 508;（だいたい文言は同じだが）*ders.*, in *Jermann* (Hrsg.), Anspruch und Leistung von Hegels Rechtsphilosophie, 1987, S. 55 ff., 94.

る法則を止揚する法則が妥当すると主張されている。最後に挙げた（3）の疑問は、非制度的な思考過程に向けられている。すなわち、刑罰が「それ自体として正当なもの[47]」として根拠づけられる場合には、犯罪者はすでにそれゆえに、刑罰に対しては理性人として何等の異議も申し立てることはできない。中間の（2）の疑問は、次の考えによって除去することができるであろう。すなわち、特殊意思は、それが抽象法にいわば引きずり込まれる場合にだけ犯罪者の意思となる、と。犯罪者の意思は、たしかにそこでは作り出されていない。しかし、今や――侵害可能な――法の理念が世界に入ってきているがゆえに、ここで初めて破壊的に作用するのである。

C　処罰のロジック

不法と刑罰のシークエンスは、正確にはどのようなものであろうか。それはプラグマティックに、目的に方向づけて理解されるのではなく、（概念の理論に相応しいように）論理的に理解されるべきである。ヘーゲルの論理によれば、真理はまさに現実化された概念にほかならない理念にのみ相応する[48]。すなわち、「存在は、理念が概念と現実の統一体であることによって、真理の意味に到達した。つまり、今や理念がそうであるもののみが存在なのである」と。しかし、概念の現実化でないものは一時的にしか存在し得ない。それは、没落の芽を、それ自身の中に持っているのである。

探求されるべきシークエンスに関しては、これは次のようになる。すなわち、抽象法においても、戯画的に切り縮められ抽象化された形態ではあっても、法の概念は現実的である[49]。人格であり、ゆえに概念上理性的である犯罪者の意思は、自己を特殊化し、法からその（たとえひょっとしたら僅かにすぎないものではあっても）現実性を、すなわち法の理念へのその（小さな）歩みを奪う。この侵害は社会的には未来のないものである。なぜなら、犯罪者（侵害は彼の特殊意思である。）のほかには、誰もそれに肯定的に従い得ないからである。たとえ処罰がされなくても、その無効性は、いつかは明らかになる。しかし処罰される場合には、犯罪

47）（Fn. 1），§100.

48）（Fn. 6），S. 462 ff., 465.

49）*Hegel*（Fn. 6），S. 465 f.; 詳細に述べているのは *Pawlik*, Der Staat Bd. 41（2002），S. 183 ff., 197 ff.

者の意思の無効性は、すでに刑罰によるその意思の侵害の中で明らかになる。それも、今や回復された法状態の現実性として。これが、概念の論理の帰結としての応報である。実行された犯罪が単なる思想にとどまるものでないように、法の妥当もまた、単なる思想にとどまるものではない。

Ⅳ　目的を有する刑罰

A　方向付けの態様

つまり、ヘーゲルにあっては、刑罰は「単にとある害悪でも何らかの善でもなく、……問題となるのは断固として不法と正義[50]」なのである。応報は正当なものであり、目的を問うのは余計なことである。しかし、そのことは、不法と刑罰のシークエンスを目的の領域においても追跡することを排除するものではない。法が現実に作用する場合には、それは人格に対して、法の概念だけでは提供できない方向付けを与える。たとえば、法が抽象的に安定して定着していない場合には、その一部にある他人を人格として尊重せよという法命令[51]は自己放棄の勧めになってしまうであろう[52]。ここでの関係においては、法が方向付けを与えるという言明は、何が法で何が不法であるかが余すところなく明らかにされなければならないということを意味するものではなく――それは、すでに理解可能な形で確定されているはずである――、法が現実に方向付けの基準となっていることが予期できなければならないことを意味する。その際、犯罪者による誤った方向付けは、他人がこの犯罪者に従って行動する可能性があるという危険状態にあるわけではない。それは、現実に犯罪行為をした者による誤った方向付けではなく、他の潜在的な行為者によるそれである。むしろ、人が人格としての、それも実質的な意味における人格としてのこの犯罪者に従って自己を方向付けるのか、それとも妥当する法としての法に従って自己を方向付けなければならないかは、不明

---

50)　(Fn. 1), §99 Anmerkung.

51)　(Fn. 1), §36.

52)　ヘーゲルにおいては、全ての歴史上の現実の秩序の始まりにあるのは、抽象法ではなくむしろ秩序を作る暴力である（*Hegel*, Enzyklopädie der philosophischen Wissenschaften im Grundrisse, Dritter Teil, im Werke (Fn. 1) Bd. 10, §433 Anmerkung)。

なのである。ある人格の誤った態度があった場合でも方向付けが失われるべきでないのであれば、この方向付けは違背に対して揺らがないように形成されなければならない。つまり「誤った行動のリスクに対して免疫を付け」なければならないのである[53]。

説明のために、周知の認知的予期と規範的予期の区別を思い浮かべよう[54]。認知的予期の内容は、ホッブズ流の自然状態に基づいて明らかにすることができる。すなわち、経験則や論理学、数学によって、自然状態にある個々人は他の個々人も含まれる死んだ自然や生きている自然の歩みを考慮しようと試みる。――それ以外の方向付けは存在しない。そして、所与の最も正確なものを探究し、予期が外れた後は予測の材料を改善することは、各人の基本的な、すなわち生存するために不可欠の利益関心に属する。ゆえに、上述のルールないし法則は、その尊重を自ずと確立するのである[55]。これらを無視する者は、それと矛盾する環境によって破滅する。そして、これらがより正確に探究され尊重されるほどに、利益の最大化は成功の度合いを増す。

法の諸法則の場合には、事情は異なる。これらに違反する者は、たしかに自己の実質的な人格性を破壊するが（前述Ⅲ B）――人格は、その定義によれば、自己の義務を守るものである――、しかし、非常に快適な生活の可能性は残されている。たとえば、強盗殺人犯は、奪った物で贅沢な生活をする。つまり、法的ルールは、自然、論理学、数学が抱えていない制度的な弱点を抱えているのである。すなわち、法的ルール尊重の個人的な効用は、そこには内在していない。なぜなら、法的ルールは、（快・不快を計算する）個人に向けられたものではなく、（権利と義務によって決定される）人格に向けられたものだからである。換言すれば、犯罪者はこれらのルールを悟性的な効用計算自体のために必要とするが、これらのルールは理性的な定在には妥当するのである。

自然の安定化がないために、法の規範は社会的な支持を必要とする[56]。そこで、ここに欠けているもの――規範遵守の心構え――を人格自身に調達させることが

53） *Luhmann*, Rechtssoziologie, Bd. 1, 1972, S. 31 ff., 36.

54） 以下の関係については、*Luhmann*（Fn. 53）, S. 40 ff., 53 ff. を基礎にしている。

55） *Jakobs*, ZStW 101（1989）, S. 516 ff., 522 ff., 527 ff.; *ders.*, in *Neumann* u. a.（Hrsg.）, Verantwortung in Recht und Moral, 2000, S. 57 ff., 60 ff.

56） *Jakobs*, ZStW 101（Fn. 55）, S. 524; *ders.*, in *Neumann*（Fn. 55）, S. 61.

申し合わされる。つまり、規範遵守のために配慮することも含めて、規範遵守の心構えを調達することが人格の任務だと宣言されるのである。そして、人格がこの任務を十分に果たさなければ、それはその人格の瑕疵、彼の落ち度だとされるのである。万人が、人格は法的に行動すると予期するのであり、この予期が違背されても、それは堅持されるのであって、その違背は、——認知的な予期の場合のように——予期が誤っていたことで説明されるのではなく、法に忠実でない人格の瑕疵であると説明されるのである[57]。

B　プロセスとしての方向付け

つまり、二種類の予期は、違背に対する反作用の点で区別される。すなわち、認知的予期では再学習が、つまり予測の素材を最新の状態にすることが必要である[58]。これに対して規範的予期では、犯罪者は自ら瑕疵ある行動をした者として描かれ、この意味において最新の状態に合わせられなければならない。両者は、それが重要なのだが、それぞれ、予期違背の後に再び方向付けを獲得する場合に、ヴァーチャルではなく現実に実施されなければならないプロセスなのである。かくして、認知的予期の違背の後には、既存の認知的な予測素材を改善できるであろうだけでは、ひょっとすると改善しなければならないことが意識されているというだけでは、まだ、使用可能な方向付けは再確立されない。むしろ、現実に改善されなければならない。そうなって初めて、誤った方向付けをするものおよびその予期違背の虞が封じ込められるのである。規範的予期の違背、とりわけ犯罪の場合も、事情は同じである。行為者を罪責ある者とみなすだけではことは終わらないのであって、むしろ、彼は実際に罪責ある者として扱われなければならない（あるいは、彼を捕まえられない場合には、逮捕の用意がなければならない）。すなわち、規範違反の後には、犯罪者を何事もなかったかのように取り扱う可能性は排除される。むしろ、彼を（ここでヘーゲルに倣った唯一の講壇事例においては）罪責ある者として、つまり過ちを犯した人格として取り扱うべきである。単なる過ちの認定だけで終えるならば、規範違反から真摯に出発することにはならない。

57）　ヘーゲルが意的瑕疵へと具体化するのとパラレルに、本稿の叙述は、ここでも多くの可能性のうちの一つで、つまりは、「責任」を通じた違背の説明で満足する。これについては、*Luhmann* (Fn. 53), S. 57 も見よ。

58）　異なる戦略については、*Luhmann* (Fn. 53), S. 50.

すなわち、認知的な保安措置を構築するか、あるいは、その犯行を量的に無視できるものにまでマージナル化するか、さらには行為者を介助が必要な愚か者へとマージナル化するか等々の措置が執られるが、いずれにせよ、これらの場合には規範が妥当していることに固執しない。

しかし、過ちを犯した人格の取扱いとはどのようなものであろうか。その答えは次のようなものである。すなわち、その人格は――多かれ少なかれラディカルに――コミュニケーションにおける名宛人であることを停止され、または抹消される。私的な領域においては、その人格は「切り分けられ」るであろう。そうでなければ、殺害から牢獄、強制労働、国外追放を経て罰金刑または自宅謹慎に至るまでの、社会的孤立をもたらすすべてのことが起きる[59]。この人格の振舞いに倣ってはならないという要請は、この人格がコミュニケーション的に意味のある振舞いを不可能にされまたは少なくとも困難にされることによって、社会的現実になるのである。

V　結　論

ヘーゲルが概念論理的に必然的なシークエンスとして公式化したものは、法の方向付け的働きに繋げるなら、社会心理的な、より正確には、コミュニケーション的な通常性の想定として現れる。ヘーゲルにおいて応報が正当なものであるなら、方向付けとの関係においては、目的に満ちたものになる[60]。ヘーゲルがコ

59）「予期についての…表現および…確認」（*Luhmann*, Fn. 53, S. 108 を見よ）のための手段としてばかりではなく、孤立化の実現でもある暴力。

60）類似の見解として、*Lesch*（Fn. 2), S. 93 f. 詳細な文献として、*Kalous*, Positeive Generalprävention durch Vergeltung, 2000, S. 210 ff., 251 ff. カロウスは、積極的一般予防論についてのいくつかの最近の展開を緻密に分析することによって、極めて注目に値する考察により、この理論を応報論の領域に引き寄せた（S. 253 および至る所の箇所で)。それに対して、本稿では機能的観点と正しい応報の観点は、引き続き区別可能なものとして扱われる。これは、前者が後者の正当性への要求にとって明らかに十分ではないという理由による。すなわち、機能的観点は十分に秩序づけられた社会を前提とするが、これに対して、正当な応報の主張者はそのような社会を発展させることをも要求するのである（もっとも、本稿では、このことをヘーゲルに基づいて詳細に述べることはできなかった。これについては、脚注９から11までに挙げた文献を見よ)。したがって、カロウスによって持ち出された「応報原理の機能」に関する理論（S. 210 ff.）は、すぐれて正しい応報の理論ではない。

ミュニケーション的な目的追求という上部構造だけを給付するのか否か、あるいは、方向付け関係が正当性のみを些細なものとするのか否かは、ここでは、未決定のままとする。本稿のタイトルは、いずれも共存し得るというオプションを認識させるものだからである。法の理念とその方向付け能力は、一つのものだと理解される。ゆえに、ヘーゲルの理論を回顧的に――「犯されたがゆえに（quia peccatum est)」と――のみ理解するのは適切ではない。なぜなら、刑罰によって法は現在のものとして現実化されるからである。同様に、方向付けの維持を「悪事がなされないように（ne peccetur)」に矮小化することも、不適切であろう。たとえさらなる犯行が続くとしても、社会の構造は維持されるべきであり、そのことは、刑罰でもって果たされている[61]が故に。グロティウスによって伝えられた古い格言において構築された対立は、あり得る刑罰の意義やあり得る刑罰目的の領域を、明らかに完全にカバーしてはいないのである。

Ⅵ　補遺――刑量――

最後に、いずれのモデルもその抽象性においては提供していないもの、すなわち刑量の決定についてコメントすることが許されよう。そのための基礎は、ある程度は公然と思い浮かべることができる。すなわち、その無効性が刑罰によって明らかにされるような不法が存在すること、あるいは、規範的予期が違背されたことと、この予期の処理のためのプロセスが実行されなければならないことは、不法および違背の重さを決定するために必要なものよりメルクマールに乏しく抽象的な諸前提に依拠する。すなわち、後者は、まさに人格にとっての法＝権利および予期の重さの決定のために、さらなる申立てを必要とするのである。この欠損の除去は、ごくわずかの社会、すなわちかく具体化された社会の状態に合わせた結論の妥当性の相対化という犠牲を払ってのみ、可能である。

もっとも、ヘーゲルは、彼にあっては特殊化された犯罪者と理念を意識した報復者[62]とによって代表される人格との関係において刑量（報復の量）にとって妥

61） *Maultzsch*（Fn. 43), S. 92; *Jakobs*, Norm, Person, Gesellschaft, 2. Auflage, 1999, S. 106.
62）（Fn. 1）§102.

当なものを決定することができるためには、抽象法は十分に具体的であると考えている。しかし、このような論証の際に、彼は自らその弱点を露呈する。すなわち、ヘーゲルは、ストア学派を、彼らが正しいものからの逸脱しか知らず逸脱の程度は区別しない限りで、次のように非難する。つまり、自由意思と人格性の抽象的な思考にとどまって、人格性を「それが理念として有していなければならないその具体的で規定された定在において」捉えていない[63]、と。この非難は、極めて高度に具体化された秩序においては明らかに正しいが、抽象的な秩序においては効果なく終わるであろう。すなわち、たしかに抽象的には人格は権利を持つが（まさにそれゆえに、そしてその義務のゆえに彼らは人格なのであって、それ以上の根拠は不要である。）、しかし、これらの権利の重さについては、何も述べる必要はないのである。たしかに、重さの決定はこれより後の、理念の完成についての段階で行われるが（ここでは、道徳についての段階および市民社会についての段階）、しかし、抽象性を真摯に受け止めるなら、重さの決定は第一の段階では行われない。なぜなら、理念についての概念という第一の段階は、人格を現実的な権利保持者へと発展させる段階なのだから。たとえそれほど狭く理解するつもりはなくても、いずれにせよ、ここでは、量化可能なもの、つまりたとえば利益は、出る幕がない。かくして、ヘーゲルは、人格の態度についてと同じように（前述ⅡBおよびC）、刑量についても、彼があらかじめ述べていなかった、あるいは、述べていたとすれば抽象法には属さない法＝権利の現実化を用いて論証しているのである[64]。

加えて、たとえ以後の段階での具体化が抽象法において所与のものとして妥当するとしても、この場所では、せいぜいのところ、人格相互の関係に関するものが取り決められるにすぎない。なぜなら、国家は、この段階では、まだ現実的なものではないからである。つまり、抽象法における死刑の必要性についてのヘーゲルの説明[65]を国家の段階まで、あるいは市民社会の段階にすらも延長することは[66]、いずれにせよ、許されないのである。なぜなら、そこでは、「おのずか

63）（Fn. 1）§96 Anmerkung; 肯定的な文献として、*Klesczewski*（Fn. 2）, S. 71.

64）それと同じことが、刑罰論以外でも見られる。例えば、過大な損害（laesio enormis［＝取引における一方当事者の暴利：訳者注］）（Fn. 1, §77 mit Anmerkung）は、抽象法では、つまり主体の利益とその経済活動を知ることなしには、決定できない。

65）（Fn. 1）§101 Zusatz.

66）けれども、*Kaiser*（Fn. 2）, S. 131 ff. を見よ。――ヘーゲルの論証については、*Hösle*（Fn. 2）, S.

ら安定に至った社会の力は、侵害の外面的な重要性を低減」し「その（犯罪の——著者記す）処罰においてもより一層の寛大さをもたらす」ということが妥当するからである[67]。極端に言えば、被害者にとっては、死は無限の損失であるが、しかし、安定した社会にとっては、個々の死は相対的に小さなものなのである。

---

507 f. ——謀殺における、ヘーゲルにとって決定的な「定在の全範囲」（Fn. 1, §101 Zusatz）の喪失は、抽象的には、この実現段階では量化できない、それゆえにあらゆる他の権利と交換できない権利の喪失である。すなわち、例えば短期の自由剥奪も、抽象法的には謀殺の無効性を表明し得る、つまり、謀殺に対する応報となり得る。——私個人による人格性の侵害からの刑量の導出（Fn. 61, S. 105 f.）も、性急である。これに対して適切に批判する文献として、*Kargl*, GA 1999, S. 53 ff., 65; *Loos*, ZStW 114（2002）, S. 657 ff., 670.

67）（Fn. 1）§218.

原著者紹介

ギュンター・ヤコブス（Günther Jakobs）

1937年ドイツ・メンヒェングラートバッハ生まれ。ケルン大学、キール大学、ボン大学で法学を学び、1967年法学博士号取得（ボン大学）。1971年教授資格を取得。キール大学教授、レーゲンスブルク大学教授などを経て、1986年ボン大学教授・法哲学ゼミナール所長。1992年ノルトライン・ヴェストファーレン科学アカデミー会員。2002年ボン大学退官。Universidad Externado de Colombia等計6大学（コロンビア・ペルー・メキシコ）より名誉博士号（Dr. h. c.）を授与される。

訳者紹介（掲載順）

松宮孝明（まつみや たかあき）　立命館大学大学院法務研究科教授
市川　啓（いちかわ はじめ）　立命館大学衣笠総合研究機構専門研究員
佐竹宏章（さたけ ひろゆき）　立命館大学衣笠総合研究機構専門研究員
山本和輝（やまもと かずてる）　東京経済大学現代法学部専任講師
平山幹子（ひらやま もとこ）　甲南大学大学院法務研究科教授
中村悠人（なかむら ゆうと）　関西学院大学大学院司法研究科准教授

ギュンター・ヤコブス著作集　第2巻
刑法と刑罰の機能

2020年4月20日　初版第1刷発行

編訳者　松宮孝明

発行者　阿部成一

〒162-0041　東京都新宿区早稲田鶴巻町514番地
発行所　株式会社　成文堂
電話03(3203)9201（代）　FAX03(3203)9206
http://www.seibundoh.co.jp

製版・印刷　藤原印刷　　製本　弘伸製本　　検印省略

☆乱丁・落丁本はおとりかえいたします☆

ISBN 978-4-7923-5303-2 C3032

定価（本体3000円＋税）